凱信企管

用對的方法充實自己，
讓人生變得更美好！

凱信企管

用對的方法充實自己，
讓人生變得更美好！

趕快為你的好命心法練功，正向吸引力自動上身

別再說你不好命！扭轉人生的祕密信念

想著想著就好命！這麼簡單，你做不做？！

在《祕密》震驚全球、《力量》席捲世界之際，
你怎麼能夠錯過另一本扭轉人生的聖經！

自序

扭轉人生的祕密信念就是：立即停止負面的「想像」！

我曾經看到這樣一則故事，在這裡跟大家分享：

幸島，是一個位於日本東海岸的無人小島，島上除了山地跟植物，只有一條小溪，那裡住了一群國寶級的珍貴彌猴，研究人員花了很大的功夫，才順利的讓猴子們願意吃下牠們從未見過的蕃薯。

起初，猴子們吃蕃薯之前只會先將泥土拍掉，直到有一天，一隻小猴子開始用溪水洗蕃薯之後，猴群就起了變化；越來越多的猴子也學會將蕃薯先洗乾淨再做食用。過了幾年，幸島上的溪流乾涸了，猴群便開始到海邊清洗蕃薯，而這帶給牠們的意外收穫就是：因為有了海水的鹽分，所以蕃薯變得更加可口；從此，「用海水洗蕃薯」就成為了幸島上猴子的習慣。

後來，隨著幸島上會洗蕃薯的猴子不斷增加，研究人員驚訝的發現，當島上出現第一百隻會洗蕃薯的猴子，遠在數百公里外本島上的猴子們，竟「無師自通」地集體出現一樣的行為。

或許可以說，幸島上的猴子模仿了第一隻小猴子洗東西的動作，但遠方的猴群跟幸島上的猴子完全不可能接觸，更不可能互相模仿，卻出現了一樣的行為，這說明了一件事，那就是：物種的行為跟意念的確是一種能量的形式，它會慢慢的擴散出去，而若當此行為或意念達到一個「決定性的數量」，這個能量更將以倍數成長的效應，影響到更廣、更遠的層面。

照這麼說起來，如果一個人對事事都懷著悲觀跟抱怨，像幸島上的猴群一樣，他最直接的一定會影響到與他親近的人，但懷著負面情緒是不舒服的，於是他會發現自己親近的人漸漸變少；更別提，如果他的負面能量夠強，那更是會帶動「不幸」緊緊的跟隨著他，本來不倒霉，都被自己想得「帶衰」了。

遺憾的是，在物質文明高度發達的今天，抱怨越來越多，幸福感漸行漸遠。有的人抱怨公司老闆小氣，發的薪水太少，而寧可自己在那裡白白浪費生命和人類的資源，也不務實點；有人抱怨都市裡的交通太堵塞，開車子很不方便，卻還是甘願做「車奴」，開著車子塞在路上；有的人抱怨污染太嚴重，空氣太污濁，說不定自己就是垃圾「製造大王」……。

這幾年來，全世界遭遇了很多事情：金融危機下，企業倒閉，員工失業；自然天災不斷，無辜生命一瞬間全失去；凡那比颱風肆虐，多少親人在死亡線上掙扎……。也許，這個世界總是有太多的意外、太多的讓人難以接受，太多的可以讓你痛哭一場，但是抱怨有用嗎？美國黑人億萬富翁詹森曾經說過一句名言：「遇到障礙我會詛咒，然後搬個梯子爬過去。」的確，人生中不可能沒有挫折，沒有阻礙，關鍵是──你如何對待。與其試圖去改變世界和別人，不如改變自己。而想改變自己，就必須擁有「不抱怨的智慧」！

災難還會不斷，霉運還會繼續。但是，有災難不能有責難，有霉運不能有霉相。勇敢地定位自己，科學地設計自己，智慧地分類自己，即時地更新自己，把困難的事情交給時間，把簡單的事情交給行動。讓自己迅速成長，強大到連自己都害怕！因為，一個內心足夠強大的人，是不怕失業，不怕失戀，更不怕失敗的！

其實說穿了，世上根本沒有「倒霉」這回事。因為你窮了，還有愛你的家人；家人棄你而去，你還有相挺的朋友；朋友離棄你了，你一無所有，但你還擁有健全的四肢、瞭徹人性的清明雙眼，跟一顆越挫越勇堅強的心，隨時可以為自己的人生翻盤；你只不過是比一生順遂的人多走了些路而已，但，你同時也看過了他們不曾看過的風景，而它們確確實實豐富了你的人生。

你可能會大聲的反駁：「可是我偏偏就全盤皆輸，厄運緊跟著我，不幸接二連三降臨，讓我沒有招架的餘地！」但是你仔細想想，依據吸引力法則，你是不是總用負面的情緒為自己「下詛咒」，用悲觀的念力跟想像來影響你的明天呢？

要擁有好命人生，必須要在每個不如意的時刻轉念面對，把笑容留給自己，絕不任由負面情緒肆虐，如此才能每天都精彩，每一秒鐘都不浪費，我正在努力實行。你呢？或許，本書可以引領你走上一條內心成長之路。

林少波謹識

目錄

自序

扭轉人生的秘密信念就是：立即停止負面的「想像」！ 004

第一章

你的「生命」從家開始，但你的「命運」從心開始 012

也許我們不能決定我們的出身，所以我們最常在這一點上怨天尤人，但抱怨只會消融親情，造成裂痕；而唯有「愛」是強力的接著劑，而它生產自你的心。

第二章

事業成就不代表人生成功，但你的「好命」要素，最易在此磨練昇華 030

怨東怨西怨天氣？還不如紮紮實實打好「做事態度」的底子，因為凡事不是得到就是學到，而它們絕對會伴隨著你的生命進程一起發光。

第三章

正視抱怨帶來的傷害，它會抵銷你的能力與運氣，並使之成為負值 052

生命中的事物分為兩種，一種是你所關注的，一種是你所能影響的。我們要應該專注在「影響」上；但可惜的是，大部分的人都在「關注」中執著而虛擲了光陰。

第四章

找到「不快樂」的根源，可影響的就改變它，然後讓剩餘的得到釋放 078

把這場活動當成尋寶遊戲，過程中的喜悅、發現都由你獨享；且你會驚喜的發現，寶物不只在旅程盡頭，而是置放在每個穩健的步伐中。

第五章

關注正向思考帶來的細微變化，並時常提醒自己理想世界的藍圖 106

幸運永遠在那裡，但它只出現在具備要素的人面前；你已經學會慢慢的改變自己的形態，由麻雀變成大鷹，於是你可以俯瞰整個人生歷程並試著發現它。

第六章

好命是知足、感恩、善解跟包容的孩子，你可以用這些心態來養育它 130

知足、感恩的人蘊藏莫大的力量，能夠將他人的善匯聚成自己的信念；善解、包容的人擁有神奇的可塑性，而他們往往在被磨練的同時成為了勝利者。

第七章

轉念的力量無限大，因為整個世界都可以被涵蓋在裡面 158

你也許無法決定他人言詞的冷暖，但你可以決定世界在眼中的行貌；執念的人，天地往往很窄，轉念的人，天地往往很遼闊。

第八章

練習「不完美」的幸福哲學，正如純白需要顏料來將它變得精彩 186

人生不需要完美無缺、絕對純淨，因為這樣我們必然會失去一些寶貴的經驗，例如在錯失中懊悔，或在挫折中頑強，然後得以成長；若非如此，我們將只剩下快樂的空虛。

第九章

創造一個好命的回圈，旋轉的力量會影響他人，於是你可以創造自己周圍的四季 214

「幸運」和「宿命」是死對頭，所以它絕不會去擁抱懶惰、懦弱又滿口宿命的人。

第十章

吸引力法則是與生俱來的祝福，只是它先裹了一層嚇人的外衣 240

吸引力法則是一個連鎖效應，有時候，我們總會覺得衰運連連，但同樣的，你也可以透過思想吸引美好，讓你的生活充滿喜悅；要記住：「運氣」沒有立場，你要常保信念去擁有它。

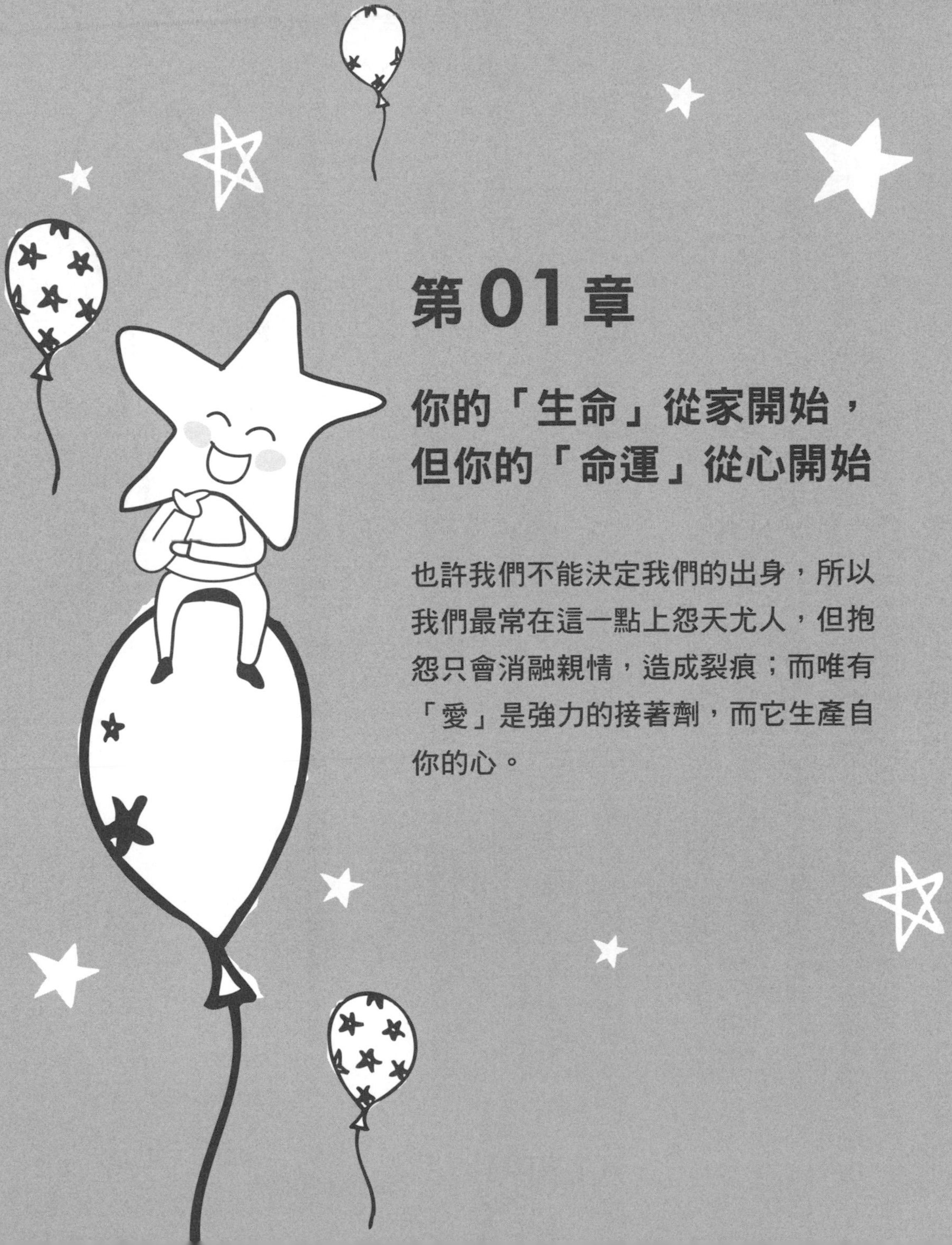

第01章

你的「生命」從家開始，但你的「命運」從心開始

也許我們不能決定我們的出身，所以我們最常在這一點上怨天尤人，但抱怨只會消融親情，造成裂痕；而唯有「愛」是強力的接著劑，而它生產自你的心。

信念1

愛是雙向的交流，兩方缺一不可

愛一個人，就是不斷地想，如何把平淡的一朝一夕拿來妝點人生，何愁製造不出浪漫。

究竟什麼叫好命？

早上起來，小倆口圍在餐桌邊吃飯。翻著日曆，今天是結婚三周年，阿強笑了笑，說：「哦？是嗎？那晚上一起吃個飯吧！」曉莉聽了之後開心的上班去了，下班卻沒見阿強過來接她，曉莉氣鼓鼓的回到家，原來阿強早就回來了，做了一桌子她喜歡吃的菜。

可是，她一點也高興不起來，拿起一件衣服就跑去好朋友的家，曉莉哇地哭了起來：「真是差勁！怎麼嫁給了他這種不懂情調的木頭。」好友見怪不怪地笑了起來：「唉！怎麼好像說什麼都是妳對的樣子？一會兒要求人家省吃儉用，一會兒要求人家要花錢請妳吃大餐，好像妳比較難伺候呢！」

一聽到這番話，曉莉立刻默不作聲了。

在現實生活中，當看到老公呆頭呆腦，當看到老公死板固執，當看到老公不解風情時，妳肯定會抱怨老公不浪漫：「怎麼就不知道偶爾來點情調呢？」平心而論，有這樣的抱怨是可以理解的，但是，當妳抱怨老公不浪漫的時候，是否認真反省過這樣一個問題：「為什麼自己不主動製造一點情趣呢？」

想要人家務實地過日子，還想要人家動不動就來點浪漫，是不是太為難人了？幾乎每一個女人都能隨時隨地找到訓斥老公的理由，例如：早晚不停地拚命工作、過生日沒有鮮花和蛋糕了、晚上不抱著睡了、說話的口氣越來越不溫柔了……。問題是，既然妳想沐浴在浪漫的氛圍中，為何非逼著老公製造情趣不可呢？妳的老公總是弄不明白怎麼樣做才能達到妳要求的浪漫，一句鼓勵的話、一個溫暖的擁抱，一碗熱了又熱的稀粥、一件縫了又縫的衣服，都在營造著浪漫的氛圍，並非沒有浪漫，而是妳的心對浪漫失去了識別的能力。

有智者說：「玫瑰代表浪漫，柴米油鹽也代表浪漫。」抱怨老公不浪漫，對婚姻一點幫助也沒有，如果我們能夠在生活中多體諒一下老公，自己動手去製造一些浪漫的情調，那麼我們的愛情和婚姻就會愈發甜蜜與穩固。當我們做到以下這些的時候，就可以輕易地消除抱怨老公不浪漫的心態了：

・摒棄「酸葡萄心理」

很多時候，浪漫是需要成本的。不要一看到別人浪漫了，自己也滿心期待。或許，人家的浪漫也是偶一為之的，只不過碰巧讓妳看見了而已；而且，說不定妳所看到的浪漫背後還有不和諧的一面呢！

・控制自己的不滿情緒

不滿的情緒往往會讓人不快樂，繼而促使人失去理性地追求不切實際的目標。像「你就不能浪漫點嗎？」之類的指責，會很容易使他產生負面的情緒，賭氣去買一束玫瑰花給你，接著你或許也會覺得這種浪漫變調了。

・把心變「細」一些

與其被天花亂墜的浪漫話語牽著鼻子走，還不如去發現生活中的細節浪漫。在冰箱裡為你留一顆蘋果；在廚房為你做一頓可口的飯菜；溫柔地抱著你斜躺在沙發上說悄悄話，這樣司空見慣而且信手拈來的舉動，不是更讓人感動而覺得浪漫嗎？

・培養樂觀的態度

每天告訴自己：「生活原本就是這樣的，平淡但穩固，雖然沒有轟轟烈烈，但有小小的情趣，也就夠了。」這樣一來，就會讓樂觀的思想在腦海裡紮下根來，就會常掬起生活中的溫馨而捨去生活中的污濁了。

・為自己而活

有了欣賞生活的能力，才有享受生活的可能。在現實生活中挖掘出精神樂趣，那就是浪漫；這種浪漫達到一定層次，那就是有情調；活得不屈從、不怯懦、不違心，那就是不窩囊。切記：「自己的生活要靠自己去精彩。」

抱怨老公不浪漫，那是因為妳的心被動了，懶得主動去體會丈夫的好，也懶得自己起身來經營一段婚姻。就像小故事中說的曉莉一樣，表面上看起來在家做飯吃似乎少了些氣氛，但是靜下心來好好地想一想就會頓悟：「一樣可口的飯菜，並不比餐館大廚做的差，找來幾根蠟燭點上，不也是一頓美妙的燭光晚餐嗎？」作家張曉風在《一個女人的愛情觀》中說，愛一個人，就是不斷地想，晚餐該吃牛舌還是豬舌，該買大白菜還是小白菜？把涼透的一粥一飯拿去溫熱一下，把平淡的一朝一夕拿來妝點一下的話，何愁製造不出浪漫呢？

轉念先動心

莎士比亞——

「愛情不是花蔭下的甜言，不是桃花源中的蜜語，不是輕綿的眼淚，更不是死硬的強迫，愛情是建立在共同語言的基礎上的。」

信念2

不要將過時的觀念當做藉口長久的掛在嘴邊，久了你連自己都騙

兩人決定組織一個家庭，那麼不管你願意與否，你都有義務努力讓它變得溫馨，這必須建立在互助的基本上，有一個潛在的好處是：做家事運動可以順便消消自己的肚楠！

究竟什麼叫好命？

晚上十一點，小雯從外地出差回來了。剛進了家門，就聽丈夫嬉皮笑臉地喊餓，小雯走進臥室準備換下衣服，立刻尖叫起來：「喂！你怎麼把屋裡弄成這個樣子了？褲子、襪子、鞋墊到處亂扔，怎麼都不拿去洗洗？難道，非要等我回來收拾嗎？」

只見羅賓反駁道：「那當然了，家務事向來都是妳們女人的事。所謂『男主外，女主內』這家務事當然要妳們女人來做！如果有哪個男人在家裡做家務，那豈不成了『吃軟飯』

的了？」聽完這番話，小雯氣得一屁股坐在床上：「真是典型的大男人主義！」自己當一家之主，卻把家務事都推給老婆來做，這說得過去嗎？

在現實生活中，當看到已婚的女人很少，甚至不再帶孩子嬉戲、不再洗衣服、做飯，甚至不再搭理水、電、瓦斯之類的事時，你肯定會抱怨這個女人不顧家：「妳可真是個大忙人啊！也不用再操心家裡的事了！」平心而論，有這樣的抱怨是可以理解的，但是，當你抱怨老婆不顧家的時候，是否認真反省過這樣一個問題：「憑什麼這些非得讓女人來做呢？」

在傳統「男主外，女主內」的觀念影響下，絕大多數的男人都巴不得自己的老婆把家裡的一切打理得妥妥貼貼，例如：衣服洗得乾乾淨淨、飯菜做得美味可口、孩子帶得乖巧可愛、對老人家也孝敬得無話可說。一言以蔽之，管妳女人家怎麼忙，反正就是得把家裡給打理好。如今可是二十一世紀了，為何還要死死地抱著陳腐的老教條不丟呢？

如果真要講求公平，男女一樣平等，憑什麼只讓女人做家務而你卻落了個清閒？就在你自以為是的認為「男人不該做家務事」而當那一家之主的時候，女人卻是忙完了外頭的事情，然後趕緊跑回家裡洗洗刷刷、縫縫補補。當你還在床上鼾聲如雷的時候，是誰悄悄地爬起來做早飯？當你衣著光鮮地出門的時候，是誰老早地把衣服洗淨燙好的？只是有時候實在太忙了，偶爾疏忽了家務而已！

有智者說：「老婆就是牛，一頭忙了外頭忙裡頭的牛。」抱怨老婆不顧家，對感情來說真是得不償失，如果我們能夠在生活中關愛一下老婆，自己動手去打理一些你能力所及的家務事，就一定能夠大大地減輕老婆的負擔，而我們的家庭和生活也會少些矛盾、多些和諧。當我們做到以下這些的時候，就可以消除抱怨老婆不顧家的心態了：

・捨棄「大男人主義」

就像「能上得廳堂、入得廚房的女人就是好女人。」一樣，用在男人的身上也是適用的：「能經營事業、經營家務的男人就是好男人。」

・無時無刻多擔待一點

在一起久了都難免會小有摩擦，作為一個男人一定要多擔待一點。有道是：「家和萬事興。」丈夫和老婆和睦相處了，就會產生無限大的力量。

・培養顧家的好習慣

不顧家的男人，對家庭的愛和責任感一定也是不及格的。對老婆氣喘吁吁地做家務視而不見，至於妻兒是否餓著，就更是不會放在心上了。

・把婚姻當成事業來經營

婚姻生活也是一樁事業，每天都充滿了幾乎是一樣的瑣事，鍋碗瓢盆、柴米油鹽、老婆孩子，只有不停地付出，你才能從這份事業中有所收穫。

抱怨老婆不顧家，那是因為你的思維落後了，在二十一世紀這個提倡男女平等的世紀，你最好快一點跟上來！就像小故事中說的丈夫一樣，表面上嬉皮笑臉的說笑似乎沒什麼攻擊力，但是靜下心來好好地想一想就會頓悟：「這分明是強詞奪理！」就像小雯說的「大男人主義」。新好男人一定得幫忙做做家事。以「送上一句體貼」取代「送一束玫瑰」的男人，不僅知道如何體貼女人，更重要的是知道「顧家」！

就好像這句充滿哲理的話一樣：「丈夫似鞋子，好看是看在外人的眼裡，而舒服卻是舒服在自己的心裡。」你能站在老婆的角度去考量進而主動地幫忙老婆，何愁還會有抱怨老婆不顧家的想法呢？

轉念先動心

斯韋登伯格——

「愛情存在於奉獻的欲望之中，並把情人的快樂視作自己的快樂。」

信念3 越年輕的人有一個共通的優點：善於因應與改變

上了年紀的人，有時腦子會糊塗，做些不著邊際的事情，說些不著邊際的話語；倘若事事去深究的話，無異於是搬起石頭砸自己的腳。

究竟什麼叫好命？

老張退休了，就搬過來和兒子、媳婦一起住。誰知，才過了短短半個月，兩代之間就發生了衝突。早上，兒子、媳婦想多睡一會兒，老張過來砰砰地敲門了：「哎！大白天的還賴床可不好的，趕緊起來吧！」中午，兒子、媳婦本想在外頭吃飯，老張做了飯菜送來了；晚上，兒子、媳婦想多看一下電視，老張自顧自地說教了：「哎！電視有什麼好看的，浪費電還對眼睛不好，早點睡覺吧！」

終於，兒子、媳婦忍無可忍了，對著老張大聲吼道：「爸，管好你自己就行了，別來攪和我們的事！」老張聽了，心酸不已。

在現實生活中，當看到老人家指指點點、喋喋不休、囉囉嗦嗦時，你肯定會抱怨老人家不開明：「怎麼那麼多事啊？你稍微停一會兒行不行？」平心而論，有這樣的抱怨是可以理解的，但是，當你抱怨老人家不開明的時候，是否認真反省過這樣一個問題：「我真正理解他們的用意嗎？」

有時，我們應該想想，老人家家始終也是自己的父母，粗聲粗語地對他們說話，這的確是不對的。當退休之後，尤其是和子女們住在一起，幾乎每一個老人家或多或少的，會繼續以自己的處世方法來說教他的子女，例如：看到子女熬夜了就說教，看到子女吵架了就講理，看到子女懶散了就開示，看到子女奢侈了就嘮叨，看到子女懈怠了就批評……，這個時候子女們總會針鋒相對的回嘴，往小的方面說是「任性」，衝突再嚴重一點，那就很可能變成「不孝」了！

其實，老人家不過是對自己認為不合適的行為發發牢騷而已。心理學家說：「在脫離社會活動之後，老人家很容易產生失落感，加上社會價值觀和生活方式的巨大變化，過去他們所重視的東西現在可能已經變得不再重要了，這對老人家來說是很難去接的。」所以作為子女應該儘量理解老人家，而不要動不動就對老人家橫眉怒眼、摔碗扔筷乃至惡言相向。

有智者說：「老人是個寶，家有老人一切好。」抱怨老人家不開明，那是自己少了體諒，如果我們能夠在生活中多理解一下老人家，對於老人家的絮叨當記則記、當忘則忘，就會少了很多隔代的衝突，而我們上下兩代的生活也會和氣得多了。當我們做到以下這些的時候，就可以消除抱怨老人家不開明的心態了：

．不要太敏感

老人家說點什麼不要太過在意，而是儘量往好的方面去想。老人家年紀大了，有時候就喜歡念念這個、說說那個，就隨他們去吧！

．儘量對老人家好一點

孝敬老人家，是兒女的義務和責任。舉手之勞，但卻足以讓老人家喜不自禁，真心實意的照料，老人家會感受到的。老人家心情開朗了，還會叨唸你嗎？

．換位思考

不要對老人家要求太高。多想想自己如果老了，會做得怎樣？如果自己也做不到，就不要苛求他們。想想自己希望子女怎樣對自己，就盡可能這樣對老人家。

．不要委屈自己

雖然他們是老人家，但並不代表我們必須事事向他們妥協。意見不同時，堅持分寸地「爭取」幾次，他們也就認可了、接受了。

．不要隨意遷怒

和老人家發生矛盾，是在所難免的，但千萬不要為此而遷怒於另一半和孩子，這樣的結果只會激發更大更多的矛盾。

抱怨老人家不開明，那是因為你忘記他們比你難改變了，跟著時代走，在你看來好像是一件很容易的事，但是他們年輕時忙著為家庭打拼，老了再來面對文化的差異，就像突然被丟進都市的鄉下孩子一樣，要學的東西突然變得好多好多，怎麼也不能適應。就像小故事中說的兒子和媳婦一樣，表面上看起來他們並沒有什麼不對，但是靜下心來好好地想一想就會頓悟：「無論走到哪兒，老人家干涉子女的事情都是可以理解並且有情可原的。」即便老人家的干涉會讓人煩惱、鬱悶甚至痛苦、氣憤，做子女的還是應該多理解、多體諒。

有句話是這樣說的：「上了年紀的人，有時腦子會糊塗，做些不著邊際的事情，說些不著邊際的話語。倘若事事去深究的話，無異於是搬起石頭砸自己的腳。」如果你能少一點埋怨、多一點寬容，無條件地去接受老人家的所有不足和缺點，老人家自然變得可愛又寶貝。

轉念先動心

赫爾岑——

「生活中最重要的是禮貌，它比最高的智慧，比一切學識都重要。」

信念4
別為了讓自己好過而有雙重標準，幾次下來就虛擲了你一生的誠信

其實孩子比我們想像中的還要聰明許多，有些父母為了搪塞一時說的話，之後卻不履行了，孩子記得。但孩子也沒有這麼聰明，他們只知道字面上的意思，如果這個情況真的是「此一時，彼一時」，父母也應好好向他們解釋，否則傷了親子和氣，又何必呢？

究竟什麼叫好命？

吃晚飯的時候，媽媽問姍姍：「乖寶寶，今天老師教妳什麼了？」五歲的姍姍歪著小腦袋說：「媽媽，老師教我們：『自己的事情自己做。』」媽媽笑了：「嗯！好，好，自己的事情自己做。」一會兒，飯吃完了。姍姍忽然跳了起來：「媽媽，我要自己洗碗。」媽媽卻瞪起了眼睛來：「不行！妳還小呢！」說著，收拾起碗筷進了廚房。沒想到，

姍姍也跟了進來央求著要自己洗碗。這下子，媽媽發火了：「妳這孩子，怎麼就不聽話呢？」姍姍抹著眼淚走開了。

在現實生活中，當看到孩子打架搗亂，當看到孩子亂跑亂跳，當看到孩子任性耍賴時，你肯定會抱怨孩子不聽話：「這孩子怎麼總是讓人操心呢？」平心而論，有這樣的抱怨是可以理解的，但是，當你抱怨孩子不聽話的時候，是否認真反省過這樣一個問題：「我懂得孩子的心理嗎？」

身為父母，不能光想把孩子教育好，卻對自己的言語行為不負責任。在教育孩子的過程中，父母抱怨最多的大概就是孩子不聽話了。例如：有些事情，越是不讓他去做，他反而越是喜歡去嘗試，抓起一支棍子，劈劈啪啪打了一場，誰知道還是無濟於事。如此，你肯定感到納悶甚至頭疼了：「哎呀！問題到底出在哪裡？」其實，問題在你的身上。

曾有一所小學的老師在全校孩子中做了一項「對爸爸媽媽哪些地方不夠滿意」的調查，調查結果發表在《少年兒童研究》雜誌上。統計顯示，孩子對爸爸媽媽不夠滿意的地方有五十八項之多，例如：動不動就發脾氣；不瞭解我的心；要求太嚴；標準太高；不接受我的意見；說話不算數；當我想做自己的事情時，總是找來各種各樣的理由阻止；總在罵我的時候誇獎別人……。

或許，看著這些孩子對自己的爸爸媽媽不滿意的說詞，你會不屑一顧，但不妨靜下心來想一想，我們做父母的都不是完人，別以為孩子還小什麼也不懂，其實他們雖然嘴上沒說，但你的不滿意卻已經在他的心裡萌芽了，說不定甚至已經反應在行為上了。不讓孩子做某些事情，正是所謂的「禁果效應」，家長對孩子的禁忌和威脅引發了孩子的挑戰心理，孩子最終就會以反抗家長意志的行動來證明自己並不是膽小鬼。

有智者說：「無論什麼人，受激勵而改過是很容易的，受責罵而改過卻不大容易，而小孩子尤其喜歡聽好話，不喜歡聽惡言。」抱怨孩子不聽話，對人生來說永遠沒有幫助，如果我們能夠用一種「花苞心態」去教育孩子，那麼孩子就會像花苞一樣開花結果。當我們做到以下這些的時候，就可以消除抱怨孩子不聽話的心態了：

・少一分批判，多一點欣賞

在教育孩子時，用欣賞的方法往往會比用批判的方法有用得多。

・與孩子保持平等的關係

對於正在成長的孩子來說，他們在認為自己是對的時候就會堅持己見，同時也會在認為自己沒有受到家長公平待遇的時候產生叛逆心理。

・給孩子選擇的權力

有教育專家提出，給孩子定個大的框架和原則即可，讓孩子在不違反原則、不超越界限的基礎上握有選擇的權力。

・冷靜處理孩子的叛逆心

孩子對大人的管教不服氣時，可能會產生較激動的言行舉止。此時父母也以情緒化的方式來處理，只會適得其反。所以務必先冷靜下來，思考並關切孩子叛逆的原因。

・以身作則

「想要別人不歪，得先把自己扳正。」許多問題的產生根源就是我們這些做父母的，孩子模仿我們的行為，最終養成習慣。因此要先以身作則，才能為孩子樹立好的榜樣。

抱怨孩子不聽話，那是因為你的心思不冷靜了，注意自己說過的話、注意會引起誤會的細節，做大人的不在這些事上面謹慎一些，小孩表達能力跟情緒發展還未成熟，更是不可能幫你改錯的！就像小故事中的媽媽一樣，表面上看起來是對孩子關愛與呵護，但是靜下心來好好地想一想就會頓悟：「這分明是對自己剛說過的話出爾反爾。久而久之只會引起孩子的反感。」相信誰也不願意看到適得其反的結果。有道是：「沒有教不好的孩子，只有做不好的父母。」

轉念先動心

蘇霍姆林斯基──

「不能把小孩子的精神世界變成單純學習知識。如果我們力求使兒童的全部精神力量都專注到功課上去，他的生活就會變得不堪忍受。他不僅應該是一個學生，而且首先應該是一個有多方面興趣、要求和願望的人。」

記下你的祕密心法，
將感動珍藏一世——

第 02 章

事業成就不代表人生成功，但你的「好命」要素，最易在此磨練昇華

怨東怨西怨天氣？還不如紮紮實實打好「做事態度」的底子，因為凡事不是得到就是學到，而它們絕對會伴隨著你的生命進程一起發光。

信念1

抱怨如口臭，自己聞不到但會令人受不了

抱怨如口臭一樣，會使得別人不願意或者是不敢和你近距離地交往。久而久之，你就會產生自卑或憤世的心理，從而影響正常的人際與情感交流。

究竟什麼叫好命？

有一個人，天天在自己的部落格裡發牢騷，痛罵某個同事沒人性、鄙夷某個同事太勢利、數落某個同事太小氣。本來，在自己的私人空間裡關起門來說一說也無妨，但他偏偏喜歡把自己的照片也放在部落格上，這樣一來就很容易讓人對號入座了。

結果，當他的一個同事順著連結拜訪了他的部落格之後，立刻就變了臉色，繼而毫不客氣地與他「劃清了界限」。

正所謂：向別人抱怨自己遭受的不公，剛開始可能會有人表示同情，但往往愛莫能助，

而抱怨失控的話最終只會拉遠你與他們的關係。

在臨床醫學中，有一種叫做「口臭」的病癥，說的是從人的嘴裡散發出來的令別人厭煩、使自己尷尬的難聞氣味。

如果稍微留心的話，就會驚訝地發現，在日常生活中，竟然有相當多的人正在或者已經患上了「口臭」的毛病，只不過，不是臨床醫學中的「口臭」，而是為人處世中的「口臭」，即「抱怨」。

抱怨幾乎就是一種「口臭」，雖然你自己沒有什麼感覺，但是別人會受不了的。它是人際交往中的一種不好的心理狀態，可以是友誼之樹的蛀蟲。套用英國哲學家培根的話來說，抱怨猶如一隻「蝙蝠」，它總是選擇在黃昏中起飛。這種心情是迷惑人的，又是亂人心智的。它能使你陷入迷惘，混淆敵友，從而破壞別人的事業。具有抱怨心理的人，往往首先在主觀上設定他人對自己不滿，然後開始在生活中尋找各種各樣的證據。如此，帶著以鄰為壑的心理，就必然會把無中生有的事強加於他人，甚至把別人的善意曲解為惡意。這是一種狹隘的、片面的、缺乏根據的盲目想像。

在充滿利益關係的現實中，由於利益分配不公、受到排擠或者是不適應工作環境等因素，可能導致很多的不如意。這個時候，最直接、最容易出現的反應就是抱怨。不可否認，抱怨也是一種合情合理的情緒，當心裡的怨氣堆成小山的時候，不抱怨的話反而會憋得難受，甚至會憋出疾病來，而抱怨完了心裡就會多少舒服一些。從這個意義上來說，抱怨就像是心理鎮痛劑，能使失衡的心理暫時處於平衡，緩解心理壓力，對身心健康有一定的好處。然而，如果抱怨過多的話，就有害而無益了。

知名人力資源網站曾進行過一項有關「一網打盡，職場通病」的調查，結果顯示：「愛抱怨」是影響職業生涯的通病之一。受訪者多數都認為，愛抱怨是遭到老闆冷眼對待的重要原因之一。一般來說，私下跟別人抱怨等於出賣自己，一旦老闆對你有了愛抱怨的印象，你的職業前景就堪憂了。實際上，任何老闆都不喜歡亂抱怨的下屬，因為抱怨會讓上司覺得你自私、消極、自以為是。甚至有的老闆直言：「怨夫（婦）」通常是在考慮裁員時最容易被解僱的對象。除此之外，抱怨還會影響你與同事的關係，尤其是轉化成「抱怨狂」之後，更是容易讓人望而生畏、退避三舍。

有心理學家認為，很多時候，一個人所抱怨的事情並不是導致他生活無法盡如人意的原因，根本原因就在於他的自身。是的，你抱怨的行為本身，恰好也就說明了你倒楣的處境是咎由自取。如此，既然沉溺於抱怨只會讓自己繼續心生抱怨，為何不從現在開始停止你的抱怨，繼而讓煩躁的心情慢慢地平靜下來呢？

抱怨的人也許應該去看看美國知名作家湯瑪斯．摩爾的作品《享受每日生活》。從中，你可以看到他是怎麼樣生活的，並發現當我們把簡單的用餐變成宴請，擺下飯桌就是請靈魂出席。盤子、杯子和刀叉不僅僅是餐桌上漂亮的用具，而可能是喚起一個家族記憶的物件。一塊桌布、餐巾、蠟燭，甚至是一個矮矮的托架，都能把普通的用餐變成一次不平常的經歷。別以為湯瑪斯．摩爾只是在強調營造環境魅力的重要性，其實他也揭示出了在沒有抱怨的情況下生活可以饒富趣味，正如他說道：「在這種心態下，靈魂出現在前臺，而對人生的延續和生活中之憂樂實實在在的關注，至少暫時隱退到了幕後。」

如此，肯定有人會問：「我該怎樣做才能改掉抱怨的陋習呢？」其實這也很簡單：調整自己的心態，學會對人生持有一份幽默。走路的時候，陽臺上掉下來一個衣架，砸中了腦袋，與其大發雷霆，倒不如這樣揶揄一下：「嗨！怎麼不早點通知我呢？也好戴個鋼盔呀！」約會的時候，戀人有事耽擱了一會兒，與其心裡不高與，倒不如這樣打趣一下：「天啊！你總算來了，要不然那隻近視的鳥兒就錯把我當成一棵樹了。」下雨的時候，雖然已經淋成了落湯雞，但還是不慌不忙地在雨中小跑，是不是另有一種情趣？接人的時候，看著別人一副焦躁不安的樣子，不妨饒有興味地觀察他們的眼神、手勢、衣著以及口音……。

生活固然是平淡的，但快樂卻是可以營造的。只要你有營造幽默的心情，我們就能從司空見慣的環境中發現有意思的事物，從而為身邊的朋友帶來或多或少的笑聲。

別做抱怨的人了，換一份「生活多滋味，鹹淡兩由之」的瀟灑吧！這樣才能活出可人的明媚來。

轉念先動心

查・霍爾——

「有什麼樣的思想，就有什麼樣的行為；有什麼樣的行為，就有什麼樣的習慣；有什麼樣的習慣於，就有什麼樣的性格；有什麼樣的性格，就有什麼樣的命運。」

信念 2

真正的好馬不怕主人不識才，只怕自己辜負了期望

抱怨上司不識才，那是因為你不是一匹「真正的」千里馬，真正的千里馬必會為有慧眼的人所用，而牠也清楚誰具有慧眼並忠心相隨；現在的你，應該培養千里馬的實力跟眼力，然後好好去跟隨你心目中的「值得」。

究竟什麼叫好命？

從一所名校建築系畢業之後，小王應聘進入一家房地產開發公司，被分配至市場部熟悉業務狀況。頓時，小王感到悶悶不樂：「搞錯了吧？怎麼讓我來做這些打雜的事呢？」懷才不遇的感覺也時常積於心頭。

這一天，小王和一位同事一起裝訂一份市場調查報告，不由得再次發起了牢騷來，董事長剛好從門口路過聽到，讓小王開始負責一項新大樓的整體規劃設計工作。小王立刻跑出了市場部。但由於對市場行情和基本常識不甚明瞭，根本不知道從哪兒下手才好，結果，小王只好灰頭土臉地辭職了。

「我知道他做不出來，」董事長後來對人說：「年輕人就是年輕人，只知道抱怨別人不識才，卻不願審視一下自己的條件看能否勝任！」

還沒有學會爬，就想站起身來去跑，這怎麼可能呢？

在現實生活中，當看到別人被上司賞識，當看到別人被上司提拔，當看到別人被上司青睞時，理所當然會抱怨上司不識才：「憑什麼只看好別人而不看好我？」平心而論，有這樣的抱怨是可以理解的，但是，當你抱怨上司不識才的時候，是否認真反省過這樣一個問題：「我是一匹千里馬嗎？」

當然，上司不一定都聰明且睿智，但幾乎每一位都以「效益」為主要考量，都希望能吸引更多富有才幹的人員，把他們放在合適的位置上「人盡其才，物盡其用」，並且會根據每個人的努力程度和業績來晉升、加薪，但是前提是，這些都和所承擔的責任相關。如果你做不出相應的成績，或者是承擔不了相應的重擔，就別去抱怨人家不賞識你；反之，當你盡職盡責地做事情的時候，你的上司若沒有將你委以重任，時機與機遇一定也會在適當的時間點找上你。

因此，在你期盼著該如何進一步獲得晉升或者是如何多賺一些薪水之前，試著儘量地把工作做得稱心如意才是上上之策。那些職位低下和薪水微薄的人，突然被上司提拔到一個重要的位置和多發了一筆數目可觀的薪水，表面上在你看來看起來似乎有些莫名其妙，實際上是他們一直以來盡善盡美地努力做事所應得的回報。

有智者說：「有所施定有所獲，這是因果法則。」光是抱怨上司不識才，光是心情差勁透頂，對人生來說永遠是個負值，乘上任何東西終究只會得到負數。但如果我們能夠紮紮實實地做好每一件事情，晉升和加薪也就變得指日可待了。當我們做到以下這些的時候，就可以消除抱怨上司不識才的心態：

‧及時清除心中的牢騷

無論你是否真有才氣或上司有意埋沒，都不要為此而四處抱怨。原因有兩點：首先，牢騷一旦被上司聽到了，那麼即使只是提拔的時機未到，你在他心目中的印象就已經一落千丈了。其次，像這樣的牢騷，如果時時掛在嘴邊，久而久之就會使你的思想搖擺不定，進而在「工作」這件事情上敷衍了事，最終一事無成。

‧盡善盡美地做好每件事

每一位上司都喜歡自己的下屬對工作兢兢業業。要想獲得上司的賞識，你絕對不可以在工作上應付了事，這只會加深上司對你的反感。其次，努力其實終究不是為了別人，因為你種的果子，一定是在自己身上開花。

·隨時隨地和上司溝通

很多時候千里馬沒有被上司賞識，是因為沒有被上司看見，因為很少和上司接觸，所以他對你一點印象也沒有，這不但會讓你喪失表現的機會，更別提要擔當重任了。所以，要加強和上司的交流，如此上司才會對你的能力和表現有所瞭解，也才會經常交辦給你許多工作事項，或不由自主地首先想到你。

抱怨上司不識才，那是因為你的重點放錯了。每個位置都會有每個位置的試煉，你真的準備好了嗎？在這個階段已經充實了嗎？就像故事中的小王一樣，表面上看起來好像是上司把他放錯了位置，但是靜下心來好好地想一想就會頓悟：「上司之所以這樣做，肯定有正當的理由，或許是想故意磨礪或者考驗你也不一定。」如果你能少一些抱怨、多一些行動，好好地做完手頭上的工作，充分利用每一個機會來鍛煉和提高自己的技能，何愁接下來不被上司賞識呢？

轉念先動心

麥克唐納——

「如果自身偉大，任何工作你都不會覺得渺小。」

如果沒有人跟隨，你必須先培養先驅的行動力，以及號召者的凝聚力

抱怨下屬不盡心，那是因為你本身並沒有足夠的凝聚力跟行動力，所以才無法達到群起跟隨的效應；又或者是，你自己沒有做好榜樣呢？

究竟什麼叫好命？

從原來的公司辭職後，小陳進了一家大公司做人力資源部經理。這家大公司有十多年的發展歷史，還是同行中的佼佼者。小陳心想：「像這樣的公司，人力相關的規章制度肯定是相當完善的。」於是就有些懶散起來。

很快，到了月底準備核算工資時，小陳這才發現公司居然沒有一個明確的績效考核方案，就對著負責的同事大聲責罵：「怎麼沒有制訂考核方案？你這個負責人是怎麼當的？」「我。」負責的同事似乎想說些什麼。「你什麼你？」小陳越說越氣：「這是工作，怎麼能不盡心呢？」這下子，負責的同事也跟著發起火來：「你不也是整天懶懶散散的嗎？有本事就給我們做出個樣子來！」

頓時，小陳愣住了。

在現實生活中，當看到下屬拖拖拉拉時、懶懶散散、過一天是一天時，你肯定會抱怨下屬不盡心：「為什麼不好好地做事呢？」有這樣的抱怨是理所當然的，但是，當你抱怨下屬做事不盡心的時候，是否也有認真反省過自己：「我自己是一個好榜樣嗎？」

有智者說：「上樑不正下樑歪。」老是抱怨下屬不盡心，卻不反省自己，對整體的辦公氣氛來說無疑有很大的殺傷力，如果我們能夠以身作則的話，將會直接帶動著下屬們盡心盡力地做事。當我們做到以下這些的時候，就可以消除抱怨下屬不盡心的心態了：

‧做好工作計畫

工作計畫一定要鉅細靡遺，有了計畫，對於工作也有了明確的內容和目標，以引導下屬朝目標邁進。特別要注意的是，對於每一個工作內容和目標，都必須設定完成的期限，在心理上造成一種緊迫感，有效地避免產生拖延與懶散的作風。

‧統籌與安排

進一步確定按什麼順序、什麼時間做哪一件事情，這就是如何統籌安排的問題了。

在短時間內就培養出統籌安排能力和形成習慣性的工作意識有很大的難度，但搭配完善的統籌安排，才能避免萬一某個工作環節出現了問題，打破原先有條不紊的做事規律，其次要聆聽各個下屬的情況和問題，採取最優化的策略。

・建立時間價值觀念

現代社會中，時間安排是非常重要的，我們需要在心中清楚什麼事情值得花時間去做，學會權衡和取捨。在工作中遇到難題是難免的，如果一直陷在我們自己的思路中，就很有可能會空耗大量的時間。

・保持良好的工作狀態和心態

研究證明，良好的工作心態和狀態對於提高工作效率有著非常重要的作用。在下屬遇到生活或者家庭方面的不如意時，幫助他們早些走出失意和陰影，避免對工作造成不良影響。還有，熱情也會對提高工作效率有一定的幫助，但必須把握尺度，有時也很容易演變成衝動甚至是急躁。

・給自己適當的壓力

在工作中，適當的壓力會使人精神集中，從而更輕鬆的解決問題。所以，不時給自己一些壓力，然後激發積極進取的心態，和下屬們一起為完成任務而努力奮鬥。

抱怨下屬不盡心，那是因為你的私心偏著自己了，自己這個上樑都不夠端正，還想讓作為下樑的別人不歪，這怎麼可能呢？就像故事中的小陳一樣，表面上看起來訓斥同事是合情合理的，但是靜下心來好好地想一想就會頓悟：「自己都沒有做好，又怎麼能夠要求下屬做得好呢？」很多時候，行為的本身並不能說明事情的本質，而是取決於我們的一舉一動。如果你能以自己的勤奮務實為大家樹立一個好的榜樣，何愁下屬不盡心呢？

轉念先動心

約裏奧．居裏——

「要使山谷肥沃，就得時常栽樹。我們應該注意培養人才。」

信念4

若你沒有殷勤的準備跟充分的實力，就算天大的好運降臨，你也將無福消受

抱怨工作不如意，那是因為你的眼光放遠了，於是看不到腳下踩的土地、看不到下一次的步伐要往哪裡放，讓我們將眼光拉近，看看自己的本質，重拾每一個熱情、建築每一個基礎，你要變成老鷹，要先把你的心態變成老鷹。

究竟什麼叫好命？

在紡織工廠的工作間裡，一個女孩子正在練習手工編織掛毯，同樣的工作她已經做了兩個月了，總覺得枯燥無味，不如直接上生產線有意義。

這一天，女孩子終於受不了了，甩手跳了起來說道：「我實在是做不下去了。給我的指示簡直不知所云，我一直都在用同一種顏色的絲線，不斷編織、剪裁，這完全沒有道理嘛！耗在這裡簡直是浪費生命。」一聽了，一位負責輔導編織掛毯的老婆婆站了起來，對她說：「這些工作做起來很乏味，那是因為妳的手法還不夠嫻熟，即使是上了生產線也很難跟得

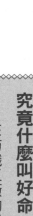

上啊！」

還沒有熟能生巧就想著獨當一面，可能嗎？

在現實生活中，當看到別人才來三五個月就得到提拔，當看到別人年終拿到厚厚一疊的獎金，當看到別人悠哉悠哉地享受著特休時，你禁不住的抱怨工作不稱心：「憑什麼別人可以這樣而我卻不能？」平心而論，有這樣的抱怨是可以理解的，但是，當你抱怨工作不如意的時候，是否認真反省過這樣一個問題：「到了微軟、鴻海我就能做得好嗎？」

有好多人往往會因為自己的心高氣傲或眼高手低而做不好工作，在得不到期盼已久的提拔與重用之後，就埋怨企業環境不適合自己，然後開始接二連三地跳槽，希望可以找到一個安身立命、施展身手的地方。殊不知，跳槽只是把責任推卸給了環境和別人的藉口，問題的深層原因根本不在於外界而在於自身。

論閱歷，你也許比不過那些多跑了幾年市場的老員工；論執行，你也許比不過那些經歷多次專案的同事。但是你只中擁有一個別人奪不走的的資本，就是對自身工作的一份「熱忱」。

在「我不過是在為老闆打工」的消極心態下，你會時常叨念著諸如「我只拿這點錢，憑什麼去做那麼多的工作？」、「我為公司做事，公司付我一份薪酬，等價交換而已。」、「我只要對得起我這份薪水就可以了。」之類的言辭，結果使得自己喪失了在工作上最重要的東西。

指責種種使自己工作不如意的原因，這只能說明你自己心態還很幼稚、思想缺乏錘煉。老子說過：「自知者明；自勝者強。」也就是說，能夠正確認識自己的人才是個聰明的人，能夠戰勝自己缺點的人才是個強悍的人。抱怨工作不如意，對人生來說永遠是個包袱，如果我們正確地認識自己和積極地奮發進取，工作狀況便能得到實質上的改變。當我們做到以下這些的時候，就可以消除抱怨工作不如意的心態了：

・適應環境

在職場中，縱使有超凡的能力，也不可能讓公司的環境改變以適應你，你能做的只是根據公司的文化來不斷地調整自己，使自己盡快地融入公司的文化。

・剖析自我

人貴有自知之明。在時下的職場中，總有做不完的事情和難纏的人際關係，你必須確定自己到底需要先做哪些事，否則最後只會使你由於疲勞和壓力而罹患疾病。

・埋頭做事

很多時候，沉默是金。若只是掛在嘴邊而做不出與之相當的實質成績來，早晚還是會被人嗤之以鼻的。在只重結果而很少看過程的職場中，首要的是努力工作。等到工作有了或大或小的成就之後，你才會擁有真正屬於自己的價值；而有了屬於自己的價值，你才可以理直氣壯地去爭取那些你一直嚮往的回報。

・端正心態

盲目的比較往往會導致盲目的嫉妒。因此，當看到有人升遷或者加薪的時候，一定要想得開一些，千萬不要逼迫自己也必須趕緊和別人站在同一個位置上。

抱怨工作不如意，那是因為你的眼光放遠了。把心思放在他人的作為跟成就上，除了挑到他人的一點毛病之外，對自身的事業並不會有任何助益；但若將眼光拉近來檢視自己，你將發現自己還有許多可以卓越的地方。

就像小故事中說的女孩子一樣，因為暫時的一些枯燥、失落而牢騷滿腹，倘若換個角度好好地想一想就會頓悟：「自己現在看起來還只是一枚平淡無奇的鵝卵石，沒有什麼價值可言，等到把自己磨練成為一塊璀璨奪目的寶石之後，何愁不被老闆賞識呢？」

轉念先動心

哈伯德——

「一部機器可以做五十個普通人的工作，但沒有哪部機器可以完成一個偉大的人的工作。」

信念5

將心比心的人比自私的人更易招來好運

再好的經驗和智慧，只有和身邊的同事們一起分享，才能創造出最大的價值，並能有效地鞏固相互之間的感情關係。

究竟什麼叫好命？

在一個會計師事務所裡，有一位審計科老員工，他在長期的經驗累積中，摸索出了一套非常簡便的審計企業財務報表的方法。為了成為審計科必不可少的人，但這個老職員拒絕把這套方法傳授給其他的同事。

有一天，會計師事務所接到一個審計某大型集團公司帳務的業務，考慮到老職員經驗豐富，老闆讓他帶頭組織專案小組以便開展工作。可想而知，老職員說了一堆的好話，還是沒有一個人願意來幫助他。想得到別人的善待，而自己卻不付出真情，造成這個結果是必然的。

在現實生活中，當看到同事對自己陽奉陰違、冷言冷語、和自己故意抬槓時，你肯定會抱怨同事不配合：「怎麼老是和我過不去呢？」平心而論，有這樣的抱怨是可以理解的，但是，當你抱怨同事不配合的時候，是否認真反省過這樣一個問題：「我是不是也這樣對待過同事呢？」

沒有誰會願意和每天都要見面共事的同事鬧得水火不相容，相反的大家都想把關係處得和睦、融洽一點，才能在遇到問題的時候能夠互相幫助。但是，很多時候，還是會發生一些吵得臉紅脖子粗的事情，與其一直抱怨同事有意和自己過不去，倒不如趕緊換個角度思考一下：「假如我是對方的話，會對自己所說的話和所做的事感到滿意嗎？」

畢竟，同在一個屋簷下，你的同事並不是故意針對你，他們之所以和你鬧一些或大或小的彆扭，是希望你了解自己處事失禮的地方，別再任由自己的性子想怎麼做就怎麼做。從某種意義上來講，如果人家對你不屑一顧、懶得理會，那對你才是最危險的呢！

同事與同事的相處，很重要的一點就是將心比心。當你將思考的角度轉向對方的立場上來看待問題，才可以避免出現偏激的想法。要知道，在一個單位裡，團隊合作的氣氛非常重要，任誰帶著負面情緒都做不好事情。

有智者說：「人和萬事興，團結是力量。」抱怨同事不配合，對工作來說永遠沒有幫助，如果我們人心所向、眾志成城，就能以最小的代價獲得最大的成功。當我們做到以下這些的時候，就可以消除抱怨同事不配合的心態了：

・尊重同事

如果我們給予對方足夠的尊重，對方也會以相同的尊重來回報我們；如果我們自命清高、目空一切，人家眼裡又怎麼會有我們呢？「人必自重而後人重之。」對同事給予肯定和讚揚，才能換來同事的敬意。

・理解同事

理解是跨越彼此的橋樑，能填平原本分割雙方的溝壑；如果沒有了理解，便沒有了人與人之間的順利溝通。設身處地的考慮到同事的處境、心態和情感，才能消除自我中心和同事建立起和諧友好的關係。

・關心同事

當同事遇到生活或者工作中的困難時，及時、主動地提供能力所及的幫助。如果你希望在工作的時候和同事愉快地相處，就不要忽視同事在生活和工作中所遇到的困難，盡可能給予幫助。

・欣賞同事

「尺有所短，寸有所長」學會欣賞別人，是人格修養和氣質的提升，能夠欣賞同事與自己的不同之處，相互之間形成良性的互動，將使我們的工作環境及人際關係得到大大的改善。

‧容忍同事

我們要有寬容的胸懷，對同事的過失要能寬恕，對同事的缺陷要能包容，對同事的冒犯要能原諒。面對人和事的時候自然而然地多上一份理解，而不至於因為自己小小的得失把整個群體鬧得不得安寧。

抱怨同事不配合，那是因為你的眼睛看東西看扁了，若不願與他人配合、否定他人在你身邊的價值，他人就會以你平常所以為的那樣來回報給你。就像小故事中說的老職員一樣，表面上看起來對自己的工作祕訣是一個區別於別人的明智之舉，但是靜下心來好好地想一想就會頓悟：「再好的經驗和智慧，只有和身邊的同事們一起分享，才能創造出最大的價值，並能有效地鞏固相互之間的感情關係。」如果你能放下架子來真心誠意地幫助同事，不斷地給同事提供各種各樣的資源，何愁得不到同事的配合呢？

轉念先動心

歐文——

「團結就有力量和智慧，沒有誠意實行平等或平等不充分，就不可能有持久而真誠的團結。」

第03章

正視抱怨帶來的傷害，它會抵銷你的能力與運氣，並使之成為負值

生命中的事物分為兩種，一種是你所關注的，一種是你所能影響的。我們要應該專注在「影響」上；但可惜的是，大部分的人都在「關注」中執著而虛擲了光陰。

信念1

抱怨是一個貪婪的小偷，偷走你除了「怨」以外的所有情緒

與其死命的抱怨，不如全心全意的將自己導向另一個觀點，全心全意去相信它，唯有如此，你心中的美善才有機會變成真實。

究竟什麼叫好命？

有一個小鎮很久沒有下雨了，令當地農作物損失慘重，於是牧師把大家集合起來，準備在教堂裡開一個祈求降雨的禱告會。人群中有一個小女孩，因個子太小，幾乎沒有人看得到她，但她也來參加祈雨禱告會。

就在這時候，牧師注意到小女孩所帶來的東西，激動地在臺上指著她：「那位小妹妹很讓我感動！」於是大家順著他手指的方向看了過去。牧師接著說：「我們今天來禱告祈求神降雨，可是整個會堂中，只有她一個人今天帶著雨傘！」

大家仔細一看，果然，她的座位旁掛了一把紅色的小雨傘；這時大家沉靜了一下，緊接而來的，是一陣掌聲與淚水交織的美景。

生活中無法解釋的事情實在是太多了，何苦一定要追求一個答案呢？抱怨並不能創造出康莊大道，只會讓自己困在圍牆裡。

漫畫家蔡志忠曾寫過一段頗為經典的話：「如果我走在崎嶇的小徑上，我就用崎嶇小徑的心去欣賞它；如果走在林蔭大道上，我就從林蔭大道的角度去品嚐。我不認為林蔭大道就優於崎嶇小徑，一旦真正瞭解生命的意義，事物就沒有好壞之別。」還是那句話，不要抱怨生活和工作不盡如人意，而是要想方設法去改變現狀。要堅信在這個世界上沒有什麼救世主，很多時候自己才是自己的上帝，提升自己的心靈要靠自己的力量。

正如一位智者說的：「多以思考替代抱怨，多用行動替代牢騷。」就好像黃河的源頭是生，到了出海口是死，它整個生命過程當然有時寬，有時窄；有時順暢，有時受阻；有時細水長流，有時波濤洶湧，但不要緊，只要我們擁有了良好的心態，「不以物喜，不以己悲」，在寬時我們品嚐寬的甘甜，在窄時我們品嚐窄的酸苦；在逆境時我們面對逆境的險阻，在順境時我們享受順境的絢麗，那麼，無論路是寬還是窄，我們都能夠平靜地走下去。

不妨記住，不抱怨能使你豁達地面對生活中的各種困難和挫折，勇敢地面對工作中的挑戰和壓力，讓你始終保有蓬勃的朝氣。

轉念先動心

馬克吐溫——

「構成生命的主要成分，並非事實和事件，它主要的成分是思想的風暴，它一生一世都在人的腦中吹襲。」

抱怨如煙頭燙氣球，讓別人和自己都洩氣

抬頭仰望，如果發現自己的頭頂是一片明媚、蔚藍的天空，又為什麼非要自尋苦惱地讓抱怨去籠罩它呢？

究竟什麼叫好命？

在街頭的轉角處，住著一位七十多歲的老太太。她有兩個女兒，大女兒嫁給了一個賣雨傘的，小女兒嫁給了一個賣草帽的。雖然說兩個女兒都已經為人妻母了，但老太太還是一天到晚牽腸掛肚地「想念」著她們。

例如說每當晴空萬里的時候，老太太就會開始唉聲嘆氣：「哎喲！我的大女兒，妳家的雨傘賣不了了，日子會不會很難過呢？」而每當陰雨連綿的時候，老太太則是唉聲嘆氣著：「唉喲！我的小女兒，妳家的草帽賣不了了，日子會不會很難過呢？」

就這樣，一年四季，無論是晴天還是雨天，老太太都是一副心事重重的樣子，左鄰右舍也慢慢地就都像是躲避晦氣般地疏遠了她。

心理專家研究後發現，具有抱怨心理的人，總是喜歡用自己想像的理想化模式，去套在生活中的現實，結果常常事與願違。倘若不信的話，不妨打量一下自己的身邊，找一個總是抱怨的人，你會發現他總是認為自己就是頂天立地的強者，也總是認為只有自己才是絕對的正確。在這樣的中心思想下，他看不慣生活中的一切人和事，於是就處處碰壁，而且即便是碰了壁，他非但不自省，反倒說自己懷才不遇、社會對自己不公平、人們對自己沒有進行客觀公正的評價。如此，他繼續說自己好，也繼續處處碰壁，更重要的是，繼續抱怨不休。

很多時候，抱怨沒有任何的積極意義。相信你一定有過這樣的經歷：遇到一件倒楣的事情之後，氣呼呼地抱怨了一番，不但沒有變得輕鬆，反而發現自己的心情更加糟糕。而且，你還可以發現，如果經常和愛抱怨的人待在一起，久而久之自己也會變得萎靡不振，慢慢地就對生活提不起信心來了。這正是「抱怨薰陶的結果」。所以，在日常生活中，熱愛生活的人，幾乎都非常恐懼那些牢騷滿腹的人，常常只要一看見他們就趕緊想方設法地「逃之夭夭」。更有甚者，即便是忍痛失去一個朋友，也非要遠遠地離開總是抱怨的他或者她。

佛家說，要懂得縮小自己，才能看見自己的缺點，看見他人的好。同樣的道理，如果一味地去抱怨，除了製造口角之外，就只會令自己變得更加面目可憎而已。因此，為了不讓別人漸漸疏遠你，同時也為了讓自己的生活過得更快樂一點，不妨理直氣壯地對「抱怨」大聲說「不」！和抱怨糾纏，只會讓你繼續可憐自己，讓你感到悲傷、憤怒、受害、多疑，甚至是自以為是。但是，當你堅決地拋開抱怨之後，你很快就會發現自己的人生開始變得比較順利而且有趣起來，可以遊刃有餘地創造出人人豔羨的奇蹟，可以輕而易舉地尋找到自由馳騁的空間，可以石破天驚地提煉出萬般皆可的智慧。正所謂：「唯有遠離抱怨，你才會對自己有比較正面的看法和認識。」

俗話說：「自知者不怨人，知命者不怨天。」抬頭仰望，你會發現自己的頭頂是一片明媚、蔚藍的天空，既然這樣又為什麼非要自尋苦惱地讓抱怨去籠罩它呢？

轉念先動心

海明威——

「只要你不計較得失，人生還有什麼不能想法子克服？」

信念3

抱怨如破網捕魚，白費力氣且搞壞了心情

成功者用實際行動和卓越成就告訴世人，知道得再多都不如動手去做，而且，要做就要把事情做到最好！

究竟什麼叫好命？

有一個叫馬歐爾的年輕人，臨近畢業的時候，他準備撰寫一篇內容涉及市政的諮詢事案，於是就找到了任職於洛杉磯城市規劃委員會的佛瑞德教授。

起初的時候，馬歐爾做得很好，然而，有一天，開朗的佛瑞德教授竟突然嚴厲地斥責他道：「最近，市政廳的一些人經常向我反映說，你在他們那裡似乎工作的態度很消極，而且很容易發怒，喜歡批評別人。你說這究竟是怎麼回事？」

聽了這些話，馬歐爾沮喪的說：「教授，你絕對不會想到，市政府的效率原來是那麼的低下，而且發展目標也存在著嚴重問題，我認為，那裡存在的問題實在是太多了！」

「是嗎？那你這個發現真是太了不起啦！」佛瑞德教授揶揄著：「實在是不簡單啊！只是，我還是要非常遺憾地告訴你，馬歇爾先生，其實早在好幾年前，就曾經有一位理髮師告訴過我這一點了，他和你有著完全一樣的發現，甚至他發現的問題比你的還多。怎麼樣，還有別的讓你抱怨的事情嗎？」

只見馬歇爾狠狠地拍了一下桌子，繼而憤慨地指出，市政府的許多措施都明顯地偏袒著那些曾經慷慨捐助過的富人。佛瑞德教授立刻笑了起來：「不錯，第二個重大發現！但我還是不得不遺憾地再次告訴你，馬歇爾先生，還是一樣，早在好幾年前，那個理髮師也發現過這一點。」

冷冷地哼了一聲，馬歇爾不說話了。

佛瑞德教授接著似乎有些幸災樂禍地說道：「我的孩子，老實告訴你吧！以你目前的狀況，我很難給你博士文憑。」繼而，他緊緊地注視著馬歇爾：「我知道，你現在一定是在想，我老了，已經跟不上這個時代了。但我認為，你目前的言行，對將來有可能成為你客戶的人絕不會有絲毫的幫助，對我、對你自己也沒有什麼幫助。現在，我可以給你兩種選擇：要嘛，繼續你的消極、憤慨與評判，那麼我會立刻解雇你在市政廳的工作，而且，你永遠也別想在我這裡拿到博士學位。要嘛，做一個能不斷地提出富有建設性以及可行性意見和方法的諮詢家，要讓事情因為有你而變得越來越好。你選擇哪一個呢？」

馬歇爾絲毫沒有猶豫地回答道：「教授，我明白我錯在哪裡了。」

聽了這話，佛瑞德教授欣慰地笑了，說：「很好，你是一個聰明的孩子。」就這樣，從佛瑞德教授那裡，馬歇爾學到了他人生中最為重要的一課：「真正的人才，絕對不是那種只懂得評判是非、指出對錯的人。」因為幾乎每個人都能做到這一點。真正的人才，是能夠讓事情變得更好的人！只有當你可以把事情變得更好的時候，你才是真正的勝任！

對於一個具有抱怨心理的人來說，生活中的每一件或大或小的事情幾乎都會成為他們抱怨的對象：抱怨生不逢時，抱怨命運不公，抱怨造化弄人，抱怨時不我與。但你是否想過這樣的問題：「抱怨有什麼用呢？」要知道，不會因為你的抱怨，一個差的環境就立刻變成一個好的環境；不會因為你的抱怨，周圍的人就立刻對你好起來；不會因為你的抱怨，大好的機運就立刻降臨到你的頭上。生活週遭的人事物是客觀而且獨立存在的，絕不會因你的主觀意志而轉移，所以何不想一想怎樣在既定的條件下發揮自己主動適應的能力呢？如果繼續一味地抱怨，那麼你只能讓後果變得更糟，最後倒楣的仍然是自己。如果抱怨不能停止的話，那麼積極的行動也就不會真正地開始；而且，抱怨得越久，不僅浪費的時間和精力也越多，而且還意味著距離積極的行動也越遠。

有一位偉人曾經說過：「有所作為是生活中的最高境界。而抱怨則是無所作為，是逃避責任，是放棄義務，是自甘墮落。」不管我們經歷怎樣的境遇，抱怨不已，只是於事無補，而且會把事情弄得更加糟糕，儘管這不是我們想要的結果。因此，唯有經過自己的努力驅除抱怨的心理，才能讓抱怨在我們的生活中少之又少、直至消失！在這裡，不妨從以下幾個方面著手：

・用心做好自己的事

雖然說，一個人的能力有大有小，但是，專注自己能做得好的事，就簡單多了。人的精力是有限的，若把有限的時間用於琢磨做好自己的事，哪還有時間去自尋煩惱呢？

・做到與人和睦相處

客觀地說，我們每個人都好比是人生棋盤上的一枚棋子，無論是將帥還是兵卒，都有著一定的權力，這種權力是與我們的社會角色相符合的，也是可以自行支配的力量。

如果我們每個人都能像玩象棋那樣，在下棋的時候通盤考慮，讓每個棋子每一步都恪盡職守，儘量為其他人的存在創造便利，那麼我們的權力就可以形成一種強大的力量，這種力量將大大地有利於自身的發展；反之，必將是抱怨的根源了。

・學會自我進行調整

抱怨，不僅不利於解決問題，而且還有損於健康。來一點不同角度的思考，矛盾就不那麼激烈了；心胸寬廣一點，問題就不那麼嚴重了。過去的已經過去，未來的還沒有到來，一切抱怨都是無益的，問問自己現在能夠做些什麼、能夠做好什麼，才是最重要的。

轉念先動心

「光有知識是不夠的，還應當運用；光有願望是不夠的，還應當行動。」

——歌德

信念4

抱怨如同瘟疫，毒害了自己也傳染了別人

抱怨如同瘟疫，毒害了自己，也會傳染給別人，最終使得這些人未老先衰、喪失鬥志、消極處世。

究竟什麼叫好命？

從大學的文學院畢業之後，安娜被介紹給一位職業作家當助手，做一些對文字進行編輯、潤色以及提出修改意見的工作。

也許是這位作家看安娜剛畢業就要負擔家計，於是給了她一個相對不錯的工資待遇：每三篇作品付酬三千美元。然而，安娜卻沒有體會到作家的「善意用心」，在跟著他一起完成一篇作品之後，心裡就開始嘀咕自己付出的勞力是不是太過廉價了：「怎麼能按篇數來算呢？起碼也得按時數來算嘛！」

就這樣，安娜越想越覺得有些「委屈」，於是，她向這位職業作家提出了這件事，並爭辯著自己的廉價勞動力被利用了。聽了安娜的「牢騷」，這位職業作家沉思了片刻，對她說道：「如果妳能夠精確地記錄下自己的工作時間，我可以答應妳每個小時給妳二十五美元的工資。」安娜高興地點頭同意了，因為她每小時的工作從來就沒拿到這麼高的報酬過。

不過，就在編輯第二篇作品的時候，安娜頓時發覺事情有些不妙了：每個小時都要喝水，每個小時都要去廁所，每個小時都要適當地活動一下，如此七扣八扣，安娜花在這第二篇作品上的時間竟然只有十個小時，算下來也就只賺了二百五十美元。

這下子，安娜才發現，自己真是搬了石頭砸自己的腳，所以又向這位職業作家提出了要求：「由於按照時間來計算，我的工作已經失去了融洽與輕鬆，我想還是恢復到原來的安排吧！」

當然，這一回職業作家卻不同意了，他說：「小姐，我可沒有覺得失去了融洽與輕鬆，它們一直都在我的心裡。如果妳失去了的話，那麼就該由妳自己去把它找回來。」

末了，這位職業作家嘆著氣又說：「小姐，這根本不是什麼融洽與輕鬆的問題，而是妳深深地鑽進了『抱怨』的圈圈裡，整件事都只有妳不停地嚷嚷，結果就把妳自己折騰得一刻也不得安寧了。當然，還把我也給扯了進來。」

在現實世界裡，幾乎每一個地方都擠滿了「有才華的窮人」，例如：畢業後找不到工作的大學生、高不成低不就的求職者、懷才不遇的文藝青年、恃才傲物埋首於理論研究的知識份子……。於是，有人就大惑不解了：「既然很有才華，為什麼會是窮人呢？」

其實，一個非常重要的原因就是：「抱怨」。在《致賈希亞的信》一書中，美國知名出版家和作家亞伯特・哈伯德就曾一針見血地指出：「像懶散、消極、懷疑一樣，抱怨也是一種職業病，如同瘟疫一樣在企業、政府機關、學校中蔓延，無論付出多大的努力都無法徹底地消除。」這絕非信口雌黃。

對於一個動不動就抱怨的人來說，他的靈魂其實已經被抱怨的緊箍咒給緊緊地拴套住了，如此也就阻礙了他的潛能發揮，最終使得他未老先衰、喪失鬥志、消極處世。這樣的話，即使才華橫溢，又怎麼能順利地前行？到最後，也只能淪落為「有才華的窮人」了。

有智者如是說：「抱怨，是一種不良的情緒，感染別人，自己也未必能痊癒。」在抱怨中，既會使人對於存在的幸福視若無睹、不懂珍惜卻單純地放大缺憾，也會使人對於手頭的東西斤斤計較、患得患失卻固執地認為正當。不妨低頭想一想，當自己和朋友們在一起的時候，往往會在不經意之間去談論一些不愉快的人和事，出於關心，就會有人問你「怎麼了」，或許你會「輕鬆」地擺擺手說「也沒什麼」。

然而，只要別人稍微地慫恿你一下，你立刻就會像倒垃圾一樣把發生在自己身上的一切不如意都給說出來。於是，跟著就會有另外一個人說些類似「我生活得比你還糟」這樣的話。如此，一場抱怨比賽就全面而且盛大地展開了。最後的結果也就是，一夥人對生活感到失望、焦慮、無助，並將這種情緒帶進各自的生活中。

抱怨的確是一種情緒發洩，有不滿的情緒也不能過度壓抑，但發洩過度，沒完沒了地抱怨也同樣不好，那樣非但解決不了任何實際問題，還不能達到宣洩情感、令人心情愉快的目的，反而會讓人陷入負面情緒裡。要制止這一壞習慣最重要的就是，要認識到你所關注的事情其實都被無形地誇大了。

例如，在你開始抱怨之後，隨即就會發現生活中竟然有著那麼多可抱怨的事情，這樣一來，情況就開始被誇大了。然後，隨著你關注的重點轉移到新的可抱怨的事情上，誇大就會跟著更進一步，最後你就會把所有的負面情緒混合起來，變成憤怒、恐懼、焦慮甚至敵對、仇恨等等，並讓它們滲入自己的潛意識裡面進而悄悄地紮下根來。

因此，你必須認識到滾雪球效應的影響有多大，陷入這種局面多麼容易以及它有多大的危險性。回過頭來，你需要儘量「逼迫」自己去多注意，並記住生活中那些美好的事情。這樣，不管是什麼事情被誇大了，都能讓你在生活中發現更多美好的事情，然後你的心頭就會產生正面的情緒，當它們混合起來的時候，你就會感到生活的幸福了，並且對生活充滿了感激和希望。

如此，這些正面的情緒就開始滲入你的潛意識裡面並紮根發芽，最終慢慢地取代先前的負面情緒。然後，你需要更進一步，也就是關注你想要什麼，而不是你不想要什麼。例如，你想要更多好的事情和進展，那就把注意力集中在生活中好的事情和你在爭取過程中取得的進展上。

就這樣，在雙管齊下的作用之下，你就會變得陽光燦爛起來，不但停止了對生活的抱怨，而且還會發現其實並沒有什麼事情真的需要抱怨。那麼隨著時間的流逝，生活就會變得越來越好了，並且你會開始感覺到對生活的控制和駕馭能力，就好像生活中沒有什麼事情是不可實現的。

有一句古老的格言是這樣說的：「如果說不出好聽的話，倒不如什麼都別說。」這也正是許多抱怨過處境艱難的人發現無濟於事之後便沉默的關鍵原因。因為，這些抱怨的人突然發現：「抱怨是最簡單的事情，但它卻會沉重地傷害到自己。甚至，它還會剝奪所有可以改變自己生活的可能。」就好像你住在一間簡陋的破屋裡，心中夢想著寬大而明亮的殿堂，那麼，你首先應該做的就是努力將這間小屋變成一個乾淨整潔的天堂，將你夢想的元素充滿這間小屋。難道不是嗎？

轉念先動心

愛因斯坦——

「每一個有良好願望的人的責任，就是要盡其所能，在他自己的小天地裏做堅定的努力，使純粹人性的教義，成為一種有生命的力量。如果他們在這方面，作了一番忠誠的努力，而沒有被他同時代的人踐踏在腳下，那麼，他可以認為他自己和他個人處的社會都是幸福的了。」

信念5

抱怨是弱者的逃遁之詞，失敗者的解脫階梯

抱怨是最普遍的一種負面情緒，同時也是尋找藉口的人最善於利用的。

究竟什麼叫好命？

傍晚的時候，在人來人往的公園裡，一位散步的老人看到一個年青人正坐在石凳上嘆氣，在他的身邊，停放著一輛自行車和堆放著幾個塑膠水桶，顯然是個送水工人。

「哦！年輕人，」老人疑惑地問道：「你遇到什麼困難了嗎？」年輕人繼續嘆著氣：「唉！每天出門的時候，我都計畫好要送二十桶水的。可是，沒有一次完成任務。」

沒想到，老人家竟然感到了興趣，繼續問道：「照理說，二十桶水也不算多，怎麼會無法完成任務呢？」年輕人扳著指頭說開了：「你看啊！我的車子是自行車，跑得慢，而人家的車子是電動車，跑得快；我負責的區域遠在東區的市郊，而人家的負責區域就在這附近；我的客戶住的都是普通公寓，而人家的客戶住的都是電梯大樓。」

結果，年輕人的話還沒有說完呢，就見老人準備走開了，遠遠地丟過來來一句：「年輕人，像你這樣的話，大概永遠也送不完二十桶水囉！」

除了抱怨，幾乎很難再尋找出一個讓弱者和失敗者為自己開脫的理由了。

看過由約翰．屈伏塔等主演的熱門校園喜劇《柯老師，歡迎回來》的人，相信都還對其中的「艾皮斯坦的媽媽所寫的紙條」記憶猶新。艾皮斯坦是一個調皮搗蛋的學生，為了逃避寫作業、考試以及做其他某些事情，他常常模仿著媽媽的筆跡寫一些有著冠冕堂皇理由的紙條，然後拿給老師，說道：「您瞧，這是我媽媽寫給您的紙條，可以證明我沒有說謊。」

有一次，艾皮斯坦貪玩過了頭，到了學校後發現要考試而功課還沒來得及溫習，就趕緊溜到一個沒人的地方如法炮製了這樣一張紙條：「艾皮斯坦今天不能考試，因為他熬了一整夜在研究癌症的療法。」就這樣，艾皮斯坦躲過了考試。

在現實生活中，為了讓自己成功地脫身，以迴避冒險和其他行動，習慣於抱怨的人總會編織一些冠冕堂皇的「說辭」，乍看之下，這些抱怨聽起來合情合理，其實都不過是藉口而已，就像《柯老師，歡迎回來》裡的紙條，寫的人，就是拿出紙條的人。回憶一下，難道你不也經常是另外一個「艾皮斯坦」嗎？

把自己的錯誤歸結到別的人或者事情上，為自己的失敗或者是無能尋找足以站得住腳的藉口，或者是用花言巧語來「裝飾」自己的錯誤，這就是抱怨。這些抱怨的實質是表達自己對外界、對他人的不贊同或者是不滿意，並且希望別人能夠同情地聽自己訴說，甚至過來安慰自己：「別擔心，一切都會好起來的。」但是，就在你抱怨的同時，也自然而然消極地表達出了自己的無能，換句話說也就是在有意無意之間渲染了自己的軟弱，而這世界往往是不同情這樣的抱怨者的，更別說幫助乃至提攜了。

因此，不要抱怨你的專業不足，不要抱怨你的學校不好，不要抱怨你住在破舊蝸居裡，不要抱怨妳的男人窮或者你的女人醜，不要抱怨你沒有一個好爸爸，不要抱怨你的工作薪水少，不要抱怨你空懷一身絕技沒有人賞識你。就算生活給你的是垃圾，如果你能夠奮力地把垃圾踩在腳底下的話，照樣可以登上世界之巔的。

當然，也不得不承認，幾乎隨時隨地都會發生一些足以讓你抱怨的事情，然而，抱怨還是不抱怨，完全取決於你自己。

例如：早上睡過頭了，如果你用抱怨的想法就是：「唉！大概又要遲到了，又得扣薪水了。」如果你用不抱怨的想法可以是：「是不是我太累了，該找個時間好好休息一下？」在路上行走，被別人撞了一下，如果你想抱怨，就會這麼想：「沒長眼睛啊？」如果你不想抱怨，就會這麼想：「這個人也不是有意的。」來到了新公司，有個同事和你擦肩而過，但連個招呼也沒有打，如果你想抱怨，就會這麼想：「難道他對我有什麼意見？」如果你不想抱怨，就會這麼想：「他是在想著公事，沒注意到我吧？」

做完了一個大案子，自認為無可挑剔，誰知交上去了才發現還有個小小的錯誤，如果你想抱怨，就會這麼想：「怎麼事先沒想到啊！真是白辛苦了！」如果你不想抱怨，就會這麼想：

「這麼小心還是有漏洞，下次得更加小心了！」

晚上回到家裡，渾身骨頭累得像是快散開了，如果你想抱怨，就會這麼想：「唉！生活怎麼一定要這麼累呢？」如果你不想抱怨，就會這麼想：「喔耶！又是一天過去了，今天收穫不少，趕快休息吧！明天還要好好工作呢！」

諸如此類，倘若你想承認自己是一個弱者或者是失敗者的話，那麼就繼續選擇抱怨吧！因為，只有弱者才抱怨，弱者總是把抱怨當作自己的逃遁法寶；只有失敗者才抱怨，失敗者總是把抱怨當作自己解脫的階梯。相反的，強者和積極者的選擇卻是不抱怨，因為他們明白，人雖然本來就會同情弱者，但抱怨也常使人厭惡！

人力資源專家曾說過這樣一句話：「抱怨是最普遍的一種情緒，同時也是尋找藉口的人最善於利用的。」那些喜歡終日抱怨的人，即使是才華橫溢，或是占盡天時地利人和，也沒有辦法改掉這種惡習，當然終其一生，都難以真正地成功。因此，如果一個人時時刻刻都知道永不抱怨的價值，才真的是一個明智而良好的開端。如果你還沒有修煉到這種境界的話，那麼不妨就記住：「倘若事情沒有做好，就不要動不動就向別人抱怨。」

轉念先動心

愛因斯坦——

「我從來不把安逸和快樂看作是生活目的本身；這種倫理基礎，我叫它豬欄的理想。」

信念6

抱怨是一個黑洞，會吞噬掉你所有的快樂

是「污漬」還是「一片美麗的琥珀色」，完全可以取決於你自己的心態；世界一直都存在著美麗和快樂，只是你必須自己去發現它。

究竟什麼叫好命？

有一天，畫家列賓和一位朋友在下過雪的園子裡散步。在一張石凳的下面，有一片污漬，顯然是狗小便後留下來的痕跡。

「唉！可惡的狗！」這位朋友抱怨著：「多好的景致，卻讓牠的一泡尿給破壞了。」說著，就抬起靴尖去挑起雪和泥土，試圖把尿跡給覆蓋了。

誰知道，列賓卻生氣了起來，說道：「難道你沒有發現嗎？正是因為有了狗的這一泡尿，這個園子才多了『一片美麗的琥珀色』！」到底是名家，就連一泡狗尿也能演繹得如此多采。

這裡，還有另外一個故事：

年幼的時候，有一次，希爾和母親一起乘船渡河到紐約去。那是一個有濃霧的夜晚，站在船頭望著茫茫的大海，希爾直覺得寒氣逼人，不由自主地跺起了腳來。

就在這個時候，母親突然愉快地叫了起來：「啊！這是多麼令人著迷的景致啊！」希爾愣住了：「媽媽，什麼東西讓您如此欣喜呢？」

卻見母親依舊充滿愉悅：「你看呀！那濃霧，那四周若隱若現的燈光，還有消失在霧中的船帶走了令人迷惑的燈光，這一切多麼不可思議！」

母親的愉快感染了希爾，讓他也著實感覺到了厚厚的白色濃霧中那種隱藏的神祕、虛無以及點點的迷惑。於是，一顆原本遲鈍而且晦暗的心得到了一些新鮮元素的滲透，開始變得有活力了。

轉過身來，母親語重心長地對希爾說道：「從你出生之日起，你就一直在聆聽著我給你的忠告。不管以前的忠告你有沒有聽進去，但今天的忠告你一定要聽，而且還要永遠地牢記著。那就是，世界一直都存在著美麗和快樂，她本身就是如此動人、如此令人神往，所以你必須對她敏感，永遠不要讓自己感覺遲鈍、嗅覺不靈。」頓了頓，母親接著說：「要做到這一點，你必須讓自己的心跳動起來，少些抱怨，多些熱情。」

有一個國際研究組織，對二十五個經濟發達的國家進行了一項「你是否每天都感到快樂」的調查，結果有百分之六十以上的人回答否定。尤其有意思的是，隨後有專家針對這些回答不快樂的人做了跟蹤觀察，發現他們常常生活在抱怨之中。

一個從早到晚都在抱怨的人，怎麼可能快樂得起來呢？

抱怨像是一個無底的黑洞，它會吞噬掉你所有的快樂，甚至把你拖入萬劫不復的深淵。

也正是基於如此，才會有許多心理醫生苦口婆心地告誡那些總是在抱怨的人：「想要獲得快樂，你必須消除抱怨。除此之外，沒有其他任何一條道路可以通向真正的快樂伊甸園。」為什麼抱怨的人會說生活好累？因為他只看到了自己的付出而沒有看到自己的所得；而不抱怨的人即使真的很累，卻也不會去埋怨生活，因為他知道，失與得總是同在的，一想到自己已經獲得了那麼多，他就會感到由衷的高興。一個真正超越紅塵瑣碎的開悟者，第一要達成的境界就是停止抱怨。面對一切的誤解、攻擊、詆毀、讚譽、過獎，開悟者都能夠做到以開放的心態坦然地承受。古人道：「無雲生嶺上，有月落波心。」那就叫「不畏紅塵遮望眼，月輪穿沼水無痕」。

當你不再抱怨的時候，雖然現實還是那些現實，但是你的生活卻開始進入了一個嶄新的狀態。而且，更重要的是，不抱怨的心態對於一個人的生活有積極推向快樂的作用，對於不抱怨的人來說，生活中根本就不存在什麼讓人傷心欲絕的痛苦，因為他們即便是處在難過和災難之中也總能及時地找到心靈的慰藉。

正如在黑暗的天空中，總能或多或少地看見一絲光亮一樣，一個人具有不抱怨的心態，眼裡總是閃爍著愉快的光芒，而且也總是顯得歡愉、達觀、朝氣蓬勃，雖說也會有心煩意亂的時候，但不同於別人的就是他能夠愉快地接受這些煩惱，既沒有憂傷也沒有哀怨，然後從容地拾起生命道路旁的花朵繼續奮勇前行。可以這麼說，一個不抱怨的人，無論什麼時候都能夠感到光明、美麗和幸福的生活就在身邊。他們眼裡流露出來的光彩，會使整個世界都散發光輝，從而把寒冷變成溫暖、把痛苦變成舒適。

英國作家薩克雷有一句名言：「生活是一面鏡子，你對它笑，它就對你笑；你對它哭，它也對你哭。」如果我們不再抱怨了，那麼我們就能夠時常看到生活中光明的一面，即使是在伸手不見五指的夜晚裡，也知道星星仍在閃爍，從而幫助我們有效地擺脫煩惱的侵襲。

請記住：帶著抱怨的心態，是永遠無法找到自己的快樂的。因此，千萬注意不要被抱怨的黑洞給罩住了；而面對抱怨者的抱怨時，最有力的回應就是無聲的會心地一笑。

轉念先動心

羅丹——

「世界不是沒有美，而是缺少發現美的眼睛。」

記下你的祕密心法，
將感動珍藏一世——

第04章

找到「不快樂」的根源，可影響的就改變它，然後讓剩餘的得到釋放

把這場活動當成尋寶遊戲，過程中的喜悅、發現都由你獨享；且你會驚喜的發現，寶物不只在旅程盡頭，而是置放在每個穩健的步伐中。

信念1

改變心態，讓疲勞的應付者，變成偉大的創造者

緊緊地抓住翻轉人生的幸福拉環，養成正向思考的習慣，你就會時時刻刻地感受到光明、美麗和幸福的生活就在身邊。

究竟什麼叫好命？

一場大雨，把一座多年的老房子淋塌了一角。

老房子的主人非常生氣，跳到院子裡，指著天空破口大罵。正罵得起勁呢，住在隔壁的鄰居出來了，安慰他說：「哎呀！算了算了，老天爺也不是故意的。再說，你罵得這麼厲害，但祂能聽得見嗎？」

「哼哼！祂當然聽不見了，要能聽見還不羞愧得一頭撞牆死去呀？」

「呵呵！這不就得了嘛！」隔壁的鄰居繼續開導著他：「既然老天爺聽不見，那你幹嘛還在那白費勁呢？倒不如趕緊找些人來把房子修一修，然後坐在屋裡把衣服烤一烤，把

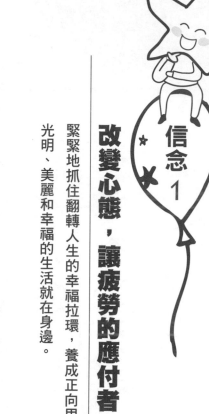

糧食收拾收拾，也免得又在下雨時出什麼意外啊！」

卻見老房子的主人又氣呼呼地罵了好半天，就是不說修房子的事。結果，又一場大雨下來，終於把整座房子都給淋塌了。

明知道抱怨於事無補，但還是一直抱怨而不去努力地接受乃至改變。如此，也就是鬆開了翻轉人生的幸福拉環，不但憑空增添了不少的痛苦與煩惱，而且還會有更大的破壞作用。

在這個世界上，幾乎每一個人都會不經意地因為一些人和事，處在這樣或者那樣的抱怨之中，但聰明的人往往能夠自己化解掉抱怨，愚蠢的人卻常常為或大或小的不如意而牢騷滿腹，繼而引來更加深的抱怨。

想想吧！如果生活中有兩種人，一種人不抱怨、沒有批評、沒有閒話；另一種人談話間充斥著抱怨，一會兒批評、一會兒說閒話。一定要從兩者中選擇其一的話，你會選擇和哪一種人交往呢？

相信，絕大多數的人都會選擇前者。原因很簡單，在到處都充斥著牢騷的現實生活中，我們正需要一個「不抱怨的空間」！

要一個人絕對的「不抱怨」幾乎難以做到，在遇到一些不夠稱心如意的人和事時，隨口發發小牢騷、即興吐吐小苦水也是一件理所當然的事情。但是，千萬不要忘記了一個重要的理論「吸引力法則」。例如，當你在說些負面和消極的事情時，就會立刻接收到負面和消極的事情；

反之，如果你多說一些幸福和快樂的事情，則會立刻為自己引來更多幸福和快樂的事情。這樣的話，你是選擇抱怨還是不抱怨？

有人說：「不懂得幸福之道，抱怨便永遠跟隨你。」那些終日抱怨的人，實際上也並不是遭遇了多麼大的不幸，而是因為自己的內心對生活的認識存在著某種缺陷。與之相反，一個心境幸福的人，就會思想高潔、行為正派，也就能自覺而且堅決地擯棄那些消極乃至骯髒的念頭或者想法，從而熱愛生活、擁有快樂。正所謂：「種瓜得瓜，種豆得豆。」生活是一方沃土，播種什麼就收穫什麼；生命有限，但幸福卻無限，在自己追求幸福的時候多思量一些開心、快樂的人和事，就能收穫一個溫馨的人生；生命有限，但快樂卻無限，嘗試用快樂之水沖淡生活中的痛苦和悲傷，就會收穫一個甜蜜的人生。諸如此類，這就是心理學家說的「翻轉人生的幸福拉環」，播下你的快樂，無路也有希望；播下你的希望，踏出一路風光！

緊緊地抓住翻轉人生的幸福拉環，你就會時時刻刻地感受到光明、美麗和幸福的生活就在身邊。在此，為大家提供一些緩解抱怨情緒的方法，以期有所幫助吧！

把煩惱的事情暫時擱置一邊，然後外出去散步，讓路上的人和事轉移自己的注意力。想像廣闊無垠的蒼茫大地抑或是宇宙星空，然後告誡自己人類實在很渺小，不必處處都斤斤計較。

把委屈寫在紙上，然後有針對性地列出幾種足以解決委屈的方案，鼓勵自己超越它們。打電話給自己的知心朋友。當電話接通之後，你的煩惱就會立刻減半，更重要的是你必須關注電話的另一端，可以輕鬆地跳出現在的環境，用新的眼光看待當下的問題。為自己樹立榜樣。當自己「實在意難平」的時候，多想一想那些優秀的成功人物是怎麼做的，以便從中學習知識和汲取動力。

羅莎琳．德卡斯奧說過：「對於那些內心充滿快樂的人們而言，所有的過程都是無比美妙的。」享受自己的生活，不要輕易地受到外界人事的影響和干擾，無論別人如何抱怨，只要你不為所動，那麼就能讓自己的心靈自由地飛翔，從一個奔命的追逐者變成一個快樂的奔跑者，從一個疲勞的應付者變成一個偉大的創造者！

來吧！從現在就開始，抓緊翻轉人生的幸福拉環，養成一個正向思考和積極執行「不抱怨」的習慣，用自己的翅膀去衝破到處都是抱怨的囚籠，讓開心和快樂從此伴隨左右！

轉念先動心

達爾文——

「樂觀是希望的名燈，它指引著你從危險峽谷中步向坦途，使你得到新的生命新的希望，支持著你的理想永不泯滅。」

信念2

面向夢想，活出「無怨無悔」的生命

生而為人，唯有活出「無怨無悔」的生命而非充滿抱怨的生命，才是一種最大的幸福與快樂，才是一種難得的愜意與美麗。

究竟什麼叫好命？

有一天，一位智者靜坐默思，探索人生的重量。心有所悟之後，智者就問跟在身邊的三個弟子：「你們說，人生的重量在哪裡？」

大弟子答：「大腹便便。」

智者搖頭，說：「人生的重量不是身體的重量。就像一根蠟燭，它的重量絕非斤兩，而是燃燒自己照亮他人的光芒。」

二弟子答：「肌膚亮麗。」

智者再度搖頭，說：「人生的重量與肉體無關。就像一塊璞玉，它的重量絕非是光潔的石面，而是美麗的內心。」

三弟子答：「腰纏萬貫。」

智者繼續搖頭，說：「人生的重量與財富、權利無關。就像一粒麥粒，它的大小與麥芒無關。」見狀，三個弟子異口同聲地問道：「那依您之見呢？」

智者沉沉地回答道：「人生的重量在於無怨無悔。」

到底是智者，徹悟也在常人之上，人之一生，猶如一晝一夜，生和死，也只是瞬間的轉化。唯有無怨無悔，方能做到想得開、吃得香、睡得著。

想想的確如此，一個無怨無悔的人，才能好好地把握每一刻、每一秒，得意的時候飲酒哼歌、悠然自得，失意的時候遠望小河潺潺、海闊天空；換作充滿抱怨的人，別說「快樂人生、燦爛星空」了，只會一直埋怨這、嘮叨那了。

徐徐的晚風中，無怨無悔的人面對滿天的星星，可以天馬行空地任思緒飄盪，感受生命的無拘無束；柔柔的燈光下，無怨無悔的人面對往事可以隨心任性地將思緒付諸筆端，安享生命的寧靜怡然；街頭小攤旁，無怨無悔的人可以把二十五元一碗的乾麵吃得有滋有味；簡陋蝸居裡，無怨無悔的人可以把十塊錢一疊的報紙貼得蓬蓽生輝。就這樣，在平凡的家庭裡出生，然後無怨無悔地過活；在喧嘩的時代裡奔波，然後無怨無悔地老去，何嘗不是一種美麗與愜意呢？

對於中國太子奶集團老總李途純來說，「無怨無悔」正是他一直以來都恪守的人生法則之一。在開創太子奶公司的時候，除固定資產之外，李途純手頭裡最大的王牌是一張五十萬元的承兌匯票，其困窘之狀可見一斑。但也就是這個名不見經傳的小企業，在一九九八年以九千萬元的天價一舉拿下了中央電視臺快速消費品廣告的「標王」。

在此基礎上，李途純確定了「零風險經營」的銷售策略，主要內容包括：經銷商如果覺得業績不理想，可以隨時解除合作關係；經銷商經銷的商品如果超過保存期限，公司負責全部換貨。

李途純把太子奶的經營風險幾乎全部集中到了自己身上，而讓經銷商輕裝上陣，其膽魄令人佩服。當然，李途純這種「天不怕地不怕」的氣勢，也在震懾了對手之餘輕鬆地佔領了市場，僅幾個月的時間，太子奶就在全中國二十九個省、市、自治區的兩百五十多個大、中型城市構建了行銷網路，形成了與娃哈哈、樂百氏在中國奶品市場「三足鼎立」的局面。

在強大的宣傳和行銷攻勢之下，太子奶產品的銷量直線上升。由於各地產品供不應求，工廠在生產環節上出現了管理混亂，最嚴重的一次，一批價值一千多萬元未嚴密包裝的產品竟然流向了市場。

問題暴露出來，太子奶內部責難聲、抱怨聲不絕於耳。李途純冒著現金流斷裂的風險，毅然收回了這批產品，並告誡大家：「後悔也好，抱怨也罷，都不能解決問題，唯有勇敢地面對才能絕處逢生。」

在李途純鎮定自若的指揮下，太子奶迅速整合了上下游所有資源，對供應商開出長期支票，給經銷商高額回報，總算有驚無險地度過了這場危機。危機過後，李途純痛定思痛，對太子奶存在的管理問題進行了深度的反省，最後找到了一套行之有效的解決辦法。

正是「無怨無悔」，讓李途純以及太子奶完成了從無到有、從弱到強的一次次蛻變。也正是「無怨無悔」，讓李途純以及太子奶在生死攸關的關鍵時刻，表現出了驚人的決心和效率。

人生如棋，世事難料。在人生旅途中，每走一步都要細細斟酌、深思熟慮、高瞻遠矚，只要落定一顆「子」，就是在自己的人生座標中定格了一個點，而每一個點都將決定我們的前途與命運，並將永遠成型。猶如「歷史只能續寫而不能篡寫和改寫」一樣，對於自己走出的每一步人生之路，我們都要做到遠離抱怨、無怨無悔。

首先，要向昨天的成績告別。遠離抱怨、無怨無悔，就是要有寵辱不驚的精神，即使面對流言蜚語也能經受生活的考驗，始終朝著既定的目標進擊；就是要把人生中的每一次挫折與坎坷，都看成是促使自己成長的機會。其次，要付出一定甚至很大的代價。遠離抱怨、無怨無悔，需要耐得住寂寞和孤獨，不僅要進入角色，還要承受各種各樣的不幸。最後，要有足夠的信心和勇氣。遠離抱怨、無怨無悔，需要對生活中的困境毫不懼怕，需要向自己的不良習性挑戰，需要不計較生命中的一得一失，需要對自己追求的夢想矢志不渝。

作為一個現代人，應該把「遠離抱怨、無怨無悔」當作自己的終身承諾，因為，唯有活出

「無怨無悔」的生命而非充滿抱怨的生命，才是一種最大的幸福與快樂，才是一種難得的愜意與美麗。

轉念先動心

貝索斯——

「我知道如果失敗了，我不會後悔，但我一定會後悔從未嘗試過。」

「以怨養怨」是惡性循環，永遠培養不出美善的果子

抱怨越多，消極的思想出現的次數也會越多，你就越難擺脫破壞你健康心態的敵人，也越難擺脫破壞你幸福的敵人。因為，你每想像它們一次，它們就會更深地潛進你的意識之中。

究竟什麼叫好命？

有一個年輕人，總會對一些看不慣的人和事大發抱怨。

這一天，正當年輕人又在怨氣沖天的時候，他的父親走了過來，拿給他一袋釘子，並且告訴他：「從現在開始，每當你抱怨的時候就釘一顆釘子在院子的圍欄上。」

第一天，年輕人釘下了十七顆釘子；第二天，年輕人釘下了十五顆釘子；第三天，年輕人釘下了十四顆釘子。慢慢地，每天釘下的釘子越來越少了，他發現控制自己的抱怨要比釘下那些釘子容易得多了。

終於，有一天一顆釘子也沒有釘下，年輕人就趕緊跑去找父親。卻聽父親說道：「從現在開始，每當你能控制自己抱怨的時候，就拔出一顆釘子。」

年輕人有些不解，但還是照著去做了。

過了一段日子，年輕人總算把所有釘下的釘子全都拔了出來。這個時候，父親笑了起來，說：「你做得很好，我的孩子，但是看看那些圍欄上的洞吧！它們將永遠也不能回復到從前的樣子了。你抱怨的時候說的話，就像這些釘子一樣留下疤痕，不管你隨後說了多少次對不起，那個傷口都將永遠存在，而傷痛也就像真實的傷痛一樣令人無法承受。」

聽著，年輕人認真地點了點頭。從此，再也聽不到他的抱怨了。

在諸多的情緒當中，什麼才是最可怕的呢？答案是抱怨，接二連三的抱怨。

有心理學家做過這樣一個調查，對於一個總是抱怨的人來說，幾乎隨時隨地都能找到抱怨的理由。例如：上公車時，有人不小心踩了或者撞了他（她）一下，立刻就會抱怨人家「想找碴」；上班時，老闆就事論事地提點了他（她）的毛病，立刻就會抱怨人家「小心眼」；購物時，商家告訴他（她）說某件衣服顏色淺不能試穿，立刻就會抱怨人家「小氣鬼」；吃飯時，服務生濺撒了幾滴湯水在他（她）的身上，立刻就會抱怨人家「不長眼」。就這樣，每時每刻，他（她）都把可以拿出來抱怨的事情掛在嘴邊，而不會去尋找別的什麼話題。

更為重要的一點是，他（她）還把抱怨事情當成了和人談話的一種形式，即便是在閒聊天

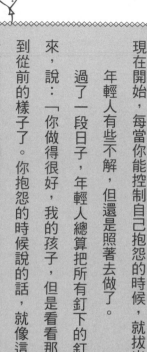

氣、交通狀況、時事新聞、子女教育等問題的時候也是口若懸河，讓人望而生畏直恨不得立刻遁身逃走！

心理學家把這種現象叫做「以怨養怨」。

看似平常，殊不知卻是一種嚴重的惡性循環，也是一種負面的吸引力法則：「發出的抱怨越多，所招惹來的抱怨和負面能量也會越來越多。」正如格雷厄姆．沃拉斯說的：「綿羊每咩咩地叫一次，牠就會失掉一口乾草。抱怨越多，消極的思想出現的次數也會越多，你就越難擺脫破壞你健康心態的敵人，也越難擺脫破壞你幸福的敵人。因為，你每想像它們一次，它們就會更深地潛進你的意識之中。」

在現實生活中我們會不時地遇上一些讓自己惱怒的事情，有時候甚至還會讓人目瞪口呆地歇斯底里。但是，越是不願意閉上抱怨的嘴巴，就越難以忍受。每一個人都會面臨抱怨難以自制的矛盾，誠然控制抱怨並非易事，然而聽任抱怨就會傷人害己。許多關鍵時刻，一旦意氣用事、率性而為，其後果將不堪設想。所以說，陷入「以怨養怨」的惡性循環之後，喋喋不休的抱怨只會使得你的生活更加的沉悶。如此，就必須想出一個最適合調整自己情緒的辦法並形成習慣，從而盡最大可能地去控制自己的抱怨。

有智者說：「思想宛如一塊磁鐵，它只吸引與它類似的東西，與你思想相左的東西是不大可能產生的，你的成就首先是在你的思想上取得的。」同樣的道理，如果你想好好地控制並最終放棄抱怨，那麼你就必須學會如何憑藉意志力來重組自己的經驗。試想一下，如果你能夠把消極、負面的情況當成是積極、正面的機會，那麼你就對自己的生命取得了絕對的掌控權利。

在這裡，不妨按照心理學家說的那樣「訓練自己把杯子看成是半滿而不是空的」。何謂「把杯子看成半滿而不是空的」？通俗一點來說就是不再問「為什麼」，而是開始問「如何」。你有沒有注意到自己抱怨的語言結構？你可能經常這樣說道：「為什麼我的父母不是富翁？」、「為什麼老闆沒有讓我晉升？」、「為什麼我就是找不到愛我的人？」

所有這些「為什麼」對你所產生的影響之大，足以牢牢地控制住你的整個心態和所有情緒，從而讓你把生命中很大一部分精力和時間都放在這樣的抱怨之中，如此長久下去就只會加劇你害怕自己一無是處的恐懼。現在，你可以嘗試用「如何」來替換它們，使自己充滿熱情和挑戰。

例如說：你可以這樣問自己：「我如何才能做到？」、「我如何才能讓老闆給我升職？」、「我如何能夠不受痛苦？」、「我如何能夠發揮自己的特長和優點？」、「我如何把以往的經歷變成一種獨特的力量？」等等。有道是：「有什麼樣的問題就會有什麼樣的人生。」當把「為什麼」轉變成「如何」之後，就能夠給你超過你所想像的更有建設性、更愉悅的人生，當然你也會迅速地看到你本身驚人的轉變了。

轉念先動心

傑弗遜——

「生氣的時候，開口前先數到十，如果非常憤怒，先數到一百。」

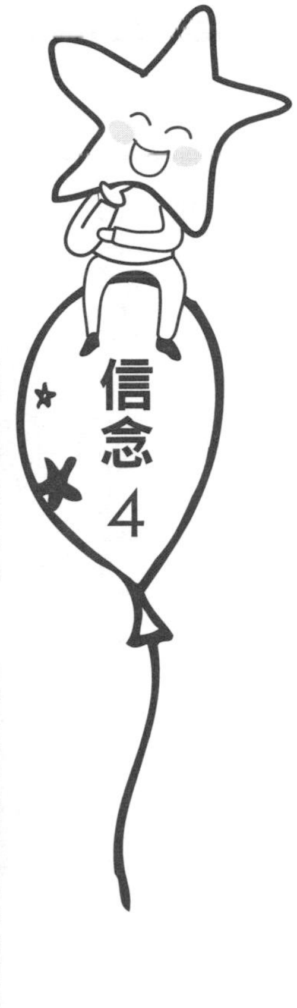

信念 4

好的意念，是幸運和幸福的開端

好運跟幸福通常都是在你心裡充滿它的時候，才會來敲你的門。

究竟什麼叫好命？

在一次工程坍塌事故中，一位年過五旬的工人左腿被壓在鋼筋水泥下。為了挽救他的生命，三個小時後，醫生不得不當場鋸掉那條左腿，痛苦的場面讓所有的人都流下了眼淚。

第二天，當報社的記者來到醫院採訪工人的時候，卻見他的情緒很好，而且還樂觀地說道：「那時，聽說要鋸掉腿，我也快嚇暈了。但信念一想，只有這樣才能挽救我的生命啊，所以也就看開了！要知道，和那些在事故中死去的夥伴們相比，我已經算是不幸中的萬幸了，還有什麼可抱怨的呢！」

很平凡的故事，很簡單的話語，但卻揭示出了一個深刻的道理：不要以為自己倒楣，其實和別人比較起來還沒那麼嚴重，因此沒必要為此呼天搶地。

回過頭來，看看自己在做些什麼吧！你在抱怨世道不好，你在抱怨就讀的不是名校，你在抱怨午餐簡直不是人吃的，你在抱怨沒有一個有錢有權有勢的老爸，你在抱怨工作環境差、薪水少，你在抱怨空懷一身絕技但卻沒有人賞識……。或許，在你看來，這些都是非常不幸的事情，因此必須痛罵社會甚至是自我責備。

但問題是，即便你再怎麼愁苦不已或者唉聲嘆氣，事情也絕不會因此就改變，相反地只會改變你自己以及接下來的生活，讓你帶著滿身的傷疤黯然神傷，直至被痛苦給整個地控制或者是淹沒了。換句話說，除了讓你自己更加鬱悶之外，沒有一丁點兒的好處。如此的話，倒不如趕緊想開一些，用「事情還沒有那麼糟糕」的樂觀心態來和自己玩一把「幸福的遊戲」，時刻不忘提醒自己是幸運和幸福的。

在心理學家看來，有了抱怨也不要緊，但只要能夠及時地在心中默想讓自己感到最幸運、最幸福的事情，就可以讓幸運和幸福的感覺充溢心間，這樣就不會讓痛苦和煩惱停留得太久，從而永保快樂的心靈。

有一個成語叫「習而不察」，意思是說當人長期處於某種情況下時，由於太熟悉了，就會因為習慣而麻木乃至沒有感覺了。同樣的道理，幸運和幸福也是需要不時地提醒的，否則的話就會很容易被我們忽略掉了。所以，我們要經常提醒自己，例如：在倒楣的事情剛剛發生的時候，我們應該趕緊提醒自己「事情還不算糟糕，我還有許多機會」，不要讓悲觀的情緒影響了心情，影響了可以從容應對的生活；在遇上年邁的父母動不動就嘮嘮叨叨的時候，我們應該趕緊提醒自己「有父母健在已經很幸福了，這總比失去他們好上一萬倍」，不要讓聒噪的情緒影響了心情，影響了原本充滿濃濃暖意的生活；在寒冬臘月如期降臨的時候，我們應該趕緊提醒自己「寒冷也沒什麼大不了，可以喝到熱熱的巧克力，可以快樂地去滑雪，可以躲在溫暖的被窩裡」，不要讓膽怯的情緒影響了心情，影響了同樣充滿樂趣的生活，而不要等到抱怨徹底充斥心間了才要想起幸運和幸福。

事實上，及時的提醒一個人想想幸運和幸福的事不但可以讓人永遠清醒，而且還會產生許多積極的影響，最為簡單而且普遍的就是能夠幫助我們養成一個幸福的習慣。舉例來說，每天早晨起床之前，不妨先默默地把有關幸運和幸福的一切想法在腦海中播放一遍，同時在腦中描繪出一天可能會遇到的幸運和幸福的藍圖，然後愉快地對自己說：「真好，幸運和幸福的一天就要開始了。」

期間，若有不幸的想法進入你的腦海時，就立即用幸運和幸福的想法將其摒除在外。如此一來，不論你面臨什麼事情，幸運和幸福都會產生積極性的效用，幫助我們面對任何人和事，甚至能夠將困難與不幸轉為幸運和幸福呢！相反的，倘若你一而再、再而三地對自己說「唉！

事情大概不會進行得那麼順利」，那麼你便是在刻意地用情緒暗示法來給自己製造一些不幸，雖然你的本意並非如此，充其量只不過是一句隨意說出口的話而已，但很多時候事情偏偏也就那麼蹊蹺，鬼使神差一般地「言中」了。所以說，在心中儲存美好的期盼，往往是一件相當重要的事情。如此，才會有更積極的情緒帶領著我們朝著美好的方向飛速地前進。

還在抱怨自己一無所有嗎？不妨這樣提醒自己：這不算糟糕，我可以用勤勞的雙手去爭取；還在抱怨自己身體殘疾嗎？不妨這樣提醒自己：這不算糟糕，我可以用睿智的頭腦去思考。很多時候，幸運和幸福其實都是由我們自己決定的，就這麼簡單，一個好的意念就是幸運和幸福的開始。因為，有好的意念就會有好的行動，有好的行動就會產生好的結果。

有智者說：「不要抱怨生活有太多的不如意。就算生活給你的是垃圾，你同樣也能把垃圾踩在腳底下，然後登上世界之巔。」的確如此，這個世界只在乎你是否到達了一定的高度，而不在乎你到底是踩在巨人的肩膀上去的還是踩在垃圾堆上去的。

務必記住：當抱怨來臨的時候，不妨多想著「事情還沒有那麼嚴重」和「接下來還有許多機會」。畢竟，路還是要繼續走下去的，萬萬不要因為一時的悲傷而忽略了路上其他的風景。

轉念先動心

佚名——

「噴泉的高度不會超過它的源頭，一個人的成就不會超過它的信念。」

信念5

世界並沒有欠你什麼，如果你仍對生活憤憤不平，是你的思想虧欠了自己

抱怨社會不公平，是因為你用「斜眼」在看世界，你往往只看見自己的苦而忘了關注他人的付出。其實靜心而觀，凡事若非得到，即是「學到」，若兩者皆無，則不是世界欠你，是你自己欠了自己。

究竟什麼叫好命？

在半山腰處，有座小小的寺廟：大堂裡，供奉著一尊石佛，朝聖者日日敬拜；門口處，鋪設著一塊石板，朝聖者日日踩踏。

有一天，心生怨氣的石板忍不住發起了牢騷來：「同樣是石頭，我躺著，灰頭土臉，受人踩踏；你坐著，高高在上，受人敬拜。世間為什麼如此不公平呢？」

聽了，石佛微微一笑，答道：「是的，我們來自深山的同一塊石頭，但我挨了千刀萬鑿，才能站在這裡，而你只是挨了幾刀而已，所以就只能鋪在地上給人墊腳啊！」

試問：既不想挨千刀萬鑿，卻幻想著受人敬拜，這可能嗎？

在現實生活中，當看到別人坐擁鉅產享受燈紅酒綠的生活時，當看到別人玩賞名車蹓躂天南地北的景點時，當看到別人抓住機遇平步青雲而高升時，你肯定會抱怨社會不公平：「憑什麼別人可以這樣而我卻不能？」平心而論，有這樣的抱怨是可以理解的，但是，當你抱怨社會不公平的時候，是否認真反省過這樣一個問題：「世界欠我什麼了嗎？」

社會對每一個人都是很公平的，給了這個人這些東西，就不會給他那些東西；給了那個人那些東西，就不會給他這些東西。一言以蔽之，天下的好處不可能都讓一個人占有。

尼采長相醜陋，但他沒有抱怨不公平，而是用充滿睿智的思想使人佩服得五體投地；拿破崙身材矮小，但他沒有抱怨不公平，而是用強盛的軍事力量折服他人而無人能出其右；司馬遷遭遇宮刑，但他沒有抱怨不公平，而是用一紙的妙筆生花讓千古以降的文人敬而仰之。

同時，社會也為每一個人提供了足夠廣闊的發展空間和足以成功的人生際遇。你擁有一項很少人擁有的獨特專長，若能發掘出來並加以運用的話將可大有所為。當你遇上了一個很少有人擁有的難得機運，緊緊抓住並加以運用的話將會一步登天。但如果你兩眼迷糊一直沒有發現自己的專長，或者你萌生退意一直不敢推開命運的大門，那麼也就只能讓潛能埋頭大睡並讓機會白白溜走了。

如此的話，你還能說老天沒有眷顧過你嗎？事實就是這樣，任何人所擁有的東西，和其他人相比之下都是正好不多也不少，如果你非要緊抓著一些自己有而別人沒有，或者別人有而自己沒有的東西，只能說明你自己思想狹隘、識見短淺。

有智者說：「生如夏花之燦爛，死如秋葉之靜美。」，如果我們關注的是正確的面向，生活便能得到實質性的改善。當我們做到以下這些的時候，就可以消除抱怨社會不公平的心態了：

・別拿自己和別人比

每個人都不一樣，有道是「人比人，氣死人」，更不能拿自己的短處去和別人的長處進行比較。

・即時打住抱怨的話語

每當想說「社會不公平」的時候，不妨轉換一下表達方式：「我只是有一些小小的不幸而已，根本算不上倒楣透頂。」這樣就可以逐漸改變對社會的看法。

・想一下不公平的事有沒有轉變的可能

如果真是覺得社會確實有失公平的話，就把那些你認為不公平的事情寫下來，然後去思考有沒有經過自己的努力把不公平變成公平的可行性。如此一來可以讓你想開一些，二來可以讓你變得更加成熟一些，最終就會對所謂的不公平淡然處之了。

· 牢記「沒有絕對的公平」這個道理

勸誡自己不必為虛無的「絕對公平」而抗議、鬱悶乃至悲傷、痛苦，這樣就不至於傷神費心了。

抱怨社會不公平，那是因為你的思想把自己逼死了，如果你的心胸是開闊、不帶成見的，那麼這個社會就是公平的。就像小故事中說的兩塊石頭一樣，一個被人敬拜、一個被人踩踏，表面上看起來好像真的不公平，但是靜下心來好好地想一想就會頓悟：「人家之所以成為石佛，是因為挨了千刀萬鑿，就如同鳳凰浴火，涅槃重生。」如果自己也願意經過一番千錘百煉，何愁成不了人人敬拜的石佛呢？

轉念先動心

毛佛魯——

「一個人失敗的原因，在於本身性格的缺點，與環境無關。」

信念6 抱怨是往鞋子裡倒水，讓行路變得困難

抱怨，很多時候非但不能解決問題，相反地還會使問題進一步惡化。因此，我們應該熱愛生活，而不僅僅是什麼都不做而去抱怨它。

究竟什麼叫好命？

希爾是一位職涯規劃師也是企業顧問，有一天，當他正在講臺上致詞的時候，一名中年男子悄悄地挨近了過來，低聲地對他說：「希爾先生，我有一個非常要緊而且嚴重的問題，想和您私下談一談。」

看著他一副誠懇的樣子，希爾便答應和他好好地談一談。演講結束以後，希爾和中年男子在一家咖啡館裡坐下來，問他：「你想和我談什麼問題呢？」中年男子說：「我準備在這個城市開創自己這一生中最大的事業，如果成功的話，將會對我產生無比的意義；但若不幸失敗了，我怕會失去所有的一切。」

聽了這段話，希爾微微地鬆了一口氣，這位中年男子只是不夠自信罷了，於是就安撫他，希望他能放鬆心情，當然也委婉地告訴他：「你要知道，並非每件事情都能達到預期的理想結果。成功固然美好，但即使失敗了，希望也依然存在。」

接著，中年男子跟著又說出一句讓希爾大吃一驚的話：「但是，有件令我相當苦惱的事，我發現這個城市似乎不怎麼歡迎我。尋租店面的時候，房主盛氣淩人；去市政府諮詢的時候，工作人員愛理不理；即便是坐地鐵的時候，他們也眯著眼睛看我，非常的不友善。」

這下子，希爾明白了，眼前的中年男子，正是一個「抱怨狂」。於是，他對中年男子說：「有一個方法可以解決你的問題：第一是埋頭繼續做各種準備工作。無論你看到什麼、聽到什麼，都不要把它們放在心上，當然，你可能無法立即做到這一點，不過沒有關係，有一個方法可以應急。我為你開一帖處方，若能好好地運用，想必能讓你有一個近乎『脫胎換骨』的轉變。」

希爾繼續向中年男子說道：「從今天晚上開始，你要無時無刻的提醒自己這句話。務必記住，只有用虔誠的心意來做這件事情，你才能獲得足夠的能力來面對這個問題。」

中年男子喜形於色，問：「您請說，是什麼話？」希爾緩緩地說著：「熱愛生活，而不僅僅是什麼都不做而去抱怨它。」在此之前，中年男子從未聽過這句話，他帶著激動的表情與口吻對希爾說：「好的，希爾先生，我知道了。」

看著中年男子漸漸地遠去，希爾會心地笑了起來。是的，儘管中年男子的身影看起來還有些悲傷的意味，但是那昂首挺胸的姿態，卻已經在無言地暗示著，像積雪一般厚重的抱怨，正在慢慢地消融。

果然，三個月後，這位中年男子給希爾寄來了一封信：「希爾先生，您的這帖處方確實為我締造了奇蹟。簡直令人難以置信，想不到這麼一句話竟能產生這麼大的效果。謝謝您！」

如果有在雨天裡趕路的經驗，相信你肯定有過這樣的感覺：當鞋子裡進了水之後，一雙腳被涼涼的水浸潤著剛開始好像很是舒坦，但很快就發現，自己的腳開始在鞋子裡不停地「打滑」了，結果讓你難以快速地行進。

其實，抱怨也是如此，它只會讓你得到一時的暢快，之後卻不能為你創造更多的東西。只是，並非人人都是智者，當愛太少、苦難忍、錢難賺或者是覺得自己活得有些累的時候，一個人最容易對自己失去信心，從而產生這樣或者那樣的抱怨。稍微留心一下就可以看到，我們身邊的一些人幾乎對任何事情都有著或多或少的不滿，好像自己上輩子是皇室貴族一樣，如今過起平凡生活就怎麼也接受不了。例如：有一對夫妻，結婚之後每隔三五天就會因為一些雞毛蒜皮之類的小事情鬥嘴、生氣，兩人最後實在受不了彼此，所以只好去見大名鼎鼎的心理學家密爾頓・艾立克森。聽完兩人滔若江河一般的抱怨之後，密爾頓・艾立克森只說了一句話：「你們當初結婚的目的就是為了這永無止境的抱怨嗎？」夫妻兩人頓時無言，迅即歡天喜地的離去了。很快，這對夫妻就回復以往恩愛如蜜的生活。

為上面這對夫妻的改觀讚賞的同時，也必須清醒地看到，在這個世界上，遭受抱怨纏身的俘虜，或者是背負抱怨的人依舊還有很多。儘管如此，如果能夠採取一些適當的措施，扔掉抱怨的包袱，就可以輕而易舉地獲得解脫。

抱怨在一個人的成功過程中構築了障礙而使其成為弱者，所以一定要放下抱怨，因為它是心裡最沉重也是最沒有價值的東西。不妨找個時間好好整理一下思緒，你會發現很難找到一個成功人士會對環境大發牢騷、抱怨不停、煩躁不安，儘管他可能克服了天大的障礙才擁有他的成功。

常言說：「過多抱怨不利發展。」抱怨是沒有用的，現在該是忘記它們，然後輕裝前進的時候了。你所需要的只是一個簡單的決定，決定阻止自己掉入抱怨的老習慣。或許，起初的時候可能會有一些困難，甚至是可笑，但是在這種情況下，卻值得持續地努力。當抱怨再度浮上心頭的時候，伸出手來輕輕地把它趕走，就好比是趕走餐桌上的蒼蠅一般。如此，你很快就會習慣抱怨離開後所帶來的美好生活，以及伴隨著你嶄新生活態度而來的成功。

轉念先動心

高爾基——

「有人必須像天上的星星，永遠很清楚地看出一切希望和願望的火光，在地上永遠不熄地燃燒著火光。」

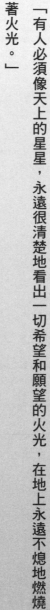

記下你的祕密心法，
將感動珍藏一世——

第05章

關注正向思考帶來的細微變化，並時常提醒自己理想世界的藍圖

幸運永遠在那裡，但它只出現在具備要素的人面前；你已經學會慢慢的改變自己的形態，由麻雀變成大鷹，於是你可以俯瞰整個人生歷程並試著發現它。

信念1

將心思放在真正想要的東西上，然後義無反顧地去達成它

有些人之所以很快就脫穎而出，與其說是因為個人的才能使然，倒不如說是取決於個人專注的心思。

究竟什麼叫好命？

一位智者帶著自己的弟子外出雲遊。來到一個岔路口的時候，看見一位盲人，不停地用竹竿點點探探。智者就問盲人準備去哪裡，並把他指引到了正確的道路上。

隨後，智者和弟子坐在一棵樹下休息。也就一杯茶的工夫吧！弟子站起來伸懶腰的時候，無意間往盲人走去的路上一望，頓時失聲尖叫起來：「哎！怎麼不見那位盲人呢？」

智者無動於衷地說著：「還看什麼呀？他早已經走得老遠了！」

「這怎麼可能？」弟子的語氣充滿了驚奇：「他一個盲人，會比正常人走得還快？」

智者站了起來，說道：「這有什麼？我們正常人走路的時候總喜歡東瞧瞧西看看，一副三心二意的樣子；而人家盲人呢！什麼也不想什麼也不看，只是專注心思地走好自己的路。」

「專注心思地走好自己的路！」咀嚼著師父說的這句話，弟子若有所思地點了點頭。

在電視上看到這樣的畫面，在一望無際的河灘大草原上，一隻花豹突然從藏身的草叢中躍出，向一群正在低頭吃草的羚羊撲過去。頓時，羚羊四散奔逃。盯著一隻尚未成年的小羚羊，花豹窮追不捨。在追與逃的過程中，花豹超過了一隻又一隻從身邊一晃而過的羚羊，但牠沒有掉頭改追這些距離自己更近一些的獵物，而是直接朝著已經盯死的那隻小羚羊瘋狂地猛追。終於，那隻小羚羊跑累了。就在這個時候，花豹看準時機一個猛撲，前爪搭上了小羚羊的屁股。小羚羊絆倒了，花豹張嘴往牠的脖頸咬了下去。

在追擊的過程中，花豹為什麼不改追其他離得更近的羚羊呢？很簡單，花豹明白「把心思放在想要的東西上」的道理。想想吧！如果花豹在追擊的途中不停地改變心思，一會兒追這隻羚羊，一會兒追那隻羚羊，那麼到最後絕對一隻也追不到。

有位大師說：「在這個世界上，有些人之所以很快就脫穎而出，與其說是因為個人的才能使然，倒不如說是取決於個人專注的心思。」

心思是一種神奇的要素，同時也是獲得成功的基石，如果你專注心思地做事，那麼就會很容易克服途中的困難與挫折，從而獲得一連串的收益；如果你懶懶散散地去做事，那麼無論你做什麼都有可能毫無成效。

國際競爭戰略大師邁克爾．波特曾經説過：「只有在較長時間內堅持一種戰略而不輕易發生游離的企業，才能贏得勝利。」對於追求成功的人來説也是這樣。多把心思花費在你想要的東西上面，就可以使你避免受到外界諸多因素的影響與干擾，從而更有利於從容決策、穩步前進，最終成為成功道路上的佼佼者。要知道，心思是戰勝所有困難的強大力量，它能使人保持清醒並處於持續的亢奮中，從而在進行內心渴望的事情時，有效地排除掉任何有礙實現既定目標的干擾。

不要因為沒有成功就責備這個世界不夠完美，你要像所有成功者那樣發展自己熱烈謀求成功的心思。當你專注心思地去對待你所做的事情的時候，就表明你已經具備了成功的意識。而你付出的心思越多，你就越能夠得到你想要的東西。套用奧格．曼迪諾的一句話來説也就是：「心思是世界上最大的財富，它的潛在價值遠遠超過金錢與權勢。心思摧毀偏見與敵意，擯棄懶惰，掃除障礙。心思是行動的信仰，有了這種信仰，我們就會戰無不勝。」

古人云：「只要功夫深，鐵杵磨成針。」其實，人生就像是那根鐵杵，可以磨成各種各樣的精緻小針，但很多人窮其一生都未能磨出一根像樣的針來。根源往往是因為人們忘記把心思放在想要的東西上面，然後老老實實地去做事，今朝突發奇想在這兒挖一個坑，明天心血來潮在那兒掘一個洞，到最後卻沒有一口屬於自己的，源源不斷地冒出清泉的井。

在人生的道路上，你的夢想就好比是一隻正在奔逃的羚羊，如果在追逐的時候你為各種意外的誘惑而停留或者分神了，很有可能最終會一無所獲。相反的，如果你始終都把自己的心思放在一個地方，那麼就多了一份向成功飛速靠攏的保障。因此，無論什麼時候，無論什麼情況，都不要懈怠、懶散，而要把心思放在自己想要的東西上，然後以自己的雙手去鑿出自己完美的「生命的石像」。

轉念先動心

歌德——

「我們的生活就像旅行，思想是導遊者，沒有導遊者，一切都會停止。目標會喪失，力量也會化為烏有。」

信念2 改變心態，轉換行為，成就自己的信念

敢於「去想和去做」：積極地想著，努力地做著，並且不急不徐、不卑不亢的等待自己的豐收。

究竟什麼叫好命？

有一個女孩在一家裁縫店裡打雜。

每天上班的時候，女孩看到別的女人坐著豪華轎車來到店裡試穿漂亮的衣服，心裡總會這樣想著：「對嘛！這才是女人應該過的生活。」而每當想到這兒，也總會有一股強烈的欲望從女孩的心底升起：「不行，我也要當老闆，成為她們之中的一員！」

於是，女孩就開始行動起來，有事沒事的時候，總喜歡對著試衣鏡，很開心、很溫柔、很自信地微笑，雖然身上穿著的是粗布衣裳，但她想像著自己就是身穿漂亮衣服的女人。

更重要的是，女孩做事也格外地賣力，彷彿這家裁縫店就是她自己的一樣，而她的老闆也將這一切都看在了眼裡。

慢慢地，前來光顧裁縫店的顧客也喜歡上了這個一臉微笑的女孩，就時常對老闆誇獎她：「瞧你店裡的那位女孩，不但有頭腦而且有氣質，真是人見人愛。」而這個時候，老闆也總會接上一句：「不錯，她的確很出色。」

過了幾年之後，女孩越來越熟練，老闆就把自己的裁縫店交給她去打理了。在女孩的精心打理之下，裁縫店的生意越來越好，每天來這裡買衣服的顧客絡繹不絕。與此同時，女孩也有了一個屬於自己的響亮名字「安妮特」，繼而成了「服裝設計師安妮特」，最後終於成了「著名服裝設計師安妮特夫人」。

或許，安妮特的成功得益於多個方面，但首要的也是最重要的一點，就是一無所有的她敢於「去想和去做」，積極地想著，努力地做著；努力地做著，積極地想著。

在獲得奧斯卡大獎的電影《美麗人生》中，講述了這樣一個故事：有一位父親和一個兒子，被關進了納粹的集中營，從此開始了飢餓、恐懼、苦役、死亡的生活。父親告訴兒子：「這只是一場遊戲而已。如果你得到了一千分的話，那麼你就是冠軍了，獎品是一輛坦克。」

在面對刺刀下的苦役時，父親輕鬆地對兒子說：「這是遊戲的一部分。」

在面對殺人的毒氣室時，父親依舊輕鬆地告訴兒子：「這也是遊戲的一部分。」

就這樣，兒子聽信了父親的話，從而快樂而又緊張地開始了他的「遊戲歷險」。從此，苦難變成了遊戲歷險的過程，兒子沒有了痛苦、沒有了恐懼，只有遊戲中的緊張、快樂以及期待。最後，兒子奇蹟般地倖存下來，並如願地得到了一件勝利的獎品，真正的坦克。

相信你已經明白了其中的含義，在面對挫折或者困難的時候，唯有改變心態、轉換行為，才能夠在人生的過程中享受快樂，並最終贏得自己想要的結果。

其實，只要我們認真思考就會發現，從根本上決定我們生命品質的，既不是金錢也不是權力，甚至也不是知識和能力，而是心態和行為！

心態雖然看不見，行為雖然摸不著，但是它們卻是真實地存在著的，而且每時每刻都在。有什麼樣的心態和行為，就會有什麼樣的命運，如果你的心態和行為總是和自信、成功、樂觀、積極聯繫在一起，那麼你將會有一個圓滿的人生；如果你的心態和行為總是和自卑、失敗、憂愁、消極聯繫在一起，那麼你的命運自然也不會好到哪兒去。

因此，只有改變心態、轉換行為，你才能在通往成功的道路上越跑越快、越跑越遠。任何一個人都是一座有待開發的礦山，而決定個人價值含金量高低的則是心態和行為，有了積極的心態和行為，你就能不斷地看到希望並保持旺盛的鬥志。相反的，如果你沒有積極的心態和行為，終日患得患失，即便你才華橫溢抑或是能力超群，也很難實現自己的職業夢想和人生目標。

而且，根據心理學家的統計，每個人每天大約會產生五萬個想法。如果你擁有積極的心態和積極的行為，那麼你就能在快樂的情緒中把這五萬個想法轉變為邁向成功的能量和動力；如果你的態度和行為是消極與怠慢的，那麼你就會在抱怨和沮喪之中把這五萬個想法轉變成走向失敗的阻力和障礙。套用美國成功學者拿破崙的話來說：「人與人之間只有很小的差異，但正是這種很小的差異卻造成了人生巨大的差別！」很小的差異就是你所具備的心態和行為是積極的還是消極的，巨大的差別就是成功和失敗！

由此可見，只有改變心態和轉換行為，才能改變自己的命運。當你站在一條已經有無數人走過的道路上，遙望著難以企及的目標時，你應該早點覺悟過來，進而改變心態和轉換行為去尋找另外一條更近、更省力的道路，而不要倔強、固執地繼續在這條佈滿荊棘的老路上浪費時間。

有智慧之語如是說：「不同的心態和行為，會造就截然不同的人生風景：樂觀、積極進取的人，能從低谷中看到希望；悲觀、消極怠慢的人，卻始終背對陽光，只看到自己的影子。」世界上的許多事你都無法改變，能夠改變的只有你的心態和行為！如果你一直在努力地改變自己，那麼你會在有一天突然發現，世界因你的改變而突然全變了樣，這才是大智慧的美麗人生。

想要改造整個世界，一定會非常困難，而要改變自己，就容易多了！改變心態、轉換行為，這是一種成功者的姿態，在遇到災難或者是厄運的時候，用它去開路和架橋，你就能堅持得住，直到把災難和厄運都克服！

轉念先動心

「春天最難過的是沒有收穫的耕耘，人生最難過的是失去信念的寂寞。」

佚名——

信念 3

改變習慣，轉換思維，生活才有更好的可能

如果你想從失敗、挫折走向成功和從偏見、錯誤走向正確，那麼你就必須改變自己的習慣和轉換自己的思維。

究竟什麼叫好命？

第二次世戰期間，伴隨著「自己動手刮鬍子」的廣告語，吉列公司的「安全刀片」深入人心。在相繼推出了「刀片分配器」和「可調節刮鬍刀」之後，吉列牢牢地控制了整個刮鬍刀市場。吉列公司是有高度行銷眼光的優秀公司，但也許正是這種壟斷性的優勢，反倒使得吉列公司逐漸失去了行銷的憂患意識，慢慢地變得因循守舊起來。

一九六一年，英國威爾金林刀具有限公司生產出了一款鋒利、不生銹、壽命長的「超級刀刃」不銹鋼刀片，一進入市場便將原本固若金湯的刮鬍刀市場割劃出了一個裂口，並且很快就站穩了腳跟。

在「超級刀刃」不銹鋼刀片的帶動下，許多之前處於下風的刀片生產商也在一夜之間恢復了信心，紛紛加快了重新爭奪市場佔有率的步伐，眼看著大火就要燒到了家門口，可是吉列公司卻依舊無動於衷，從而拱手讓出了大片的「陣地」。

六個月之後，總算回過神來的吉列公司終於下定決心生產不銹鋼刀片了。然而，結果是讓人沮喪的：淨收益從一九六二年的四五二七四萬美元降至一九六三年的四一五四五萬美元和一九六四年的三七六六七三萬美元。這樣的慘敗即是吉列公司作為最後一個進入不銹鋼刀片市場的代價。

更要命的是，在其他公司穩穩地建立起了他們的不銹鋼刀片市場佔有率之後，吉列想重新奪回市場佔有率已是相當的不易，理所當然的，吉列公司在其他產品的銷售上也受到了沉重的打擊，從而徹底失去了一家獨大的壟斷地位。

其實，不獨是吉列公司，人們的行為也是一樣的。可以說，幾乎每一個人都渴望獲得成功，但很多人卻很難如願以償。問題到底出在哪裡呢？很簡單：被習慣和思維給羈絆住了。

絕大多數的人都比較崇尚「按照老套經驗和既定規則辦事」的原則，認為「凡人世險奇之事，絕不可為」。其實，這種思想觀念早已經跟不上時代發展的步伐了，它不但嚴重影響著我們的行事風格，而且還給我們的事業發展帶來了不少的麻煩。如果不信的話，不妨埋頭想一想吧！在現實生活中，那些我們習以為常、耳熟能詳的事物可說是無所不在，於是我們就逐漸失去了對新生事物的熱情和好奇感，從而把既定規則以及老套經驗當成了判斷事物正確與否的唯一標準，結果我們就愈發地變得循規蹈矩和老成持重了，不但喪失了創造力，而且連想像力也開始萎縮了。

是不是有點既可悲又可嘆呢？

大自然的法則是：「物競天擇，適者生存。」在現在這個充滿競爭的時代裡，做事情遵循一定的遊戲規則自然是無可厚非，但當它束縛我們改革和創造的手腳時，還是必須進行突破，否則就只能繼續待在原地打轉了。

在這一點上，專門從事運動心理學研究的美國史丹佛大學教授羅伯特・克里傑在他的著作《改變遊戲規則》中就曾經指出：「在運動場上，很多選手之所以能夠創造出讓人驚奇不已的佳績，都是因為他們打破了傳統的比賽方法。」所以，適當的時候，還是要改變眾人所遵循的經驗與規則，這樣才能夠從獨闢蹊徑中去創造輝煌的人生。因此，如果你想改變習慣或者嘗試新的挑戰，那就先從突破老套經驗和既定規則開始吧！

有一個年輕人，在一棟辦公大樓的廣告公司上班，老老實實地悶頭做了三年，是一個中規中矩的人。但是，不知道從什麼時候開始，年輕人突然有了一些反常舉動，在上樓的時候，竟然不嫌麻煩地走在了樓梯的左邊，結果常常和從樓上下來的人碰頭照面。

漸漸地，年輕人的古怪行為引起大家的注意，大家開始常把他的名字掛在嘴邊上。

終於有一天，年輕人又靠左邊上樓的時候，和一家知名推銷公司的總經理撞了個滿懷。總經理好奇地問他：「年輕人，你為什麼靠著左邊上樓呀？」年輕人笑了起來：「我在尋找機會呀。」「尋找機會？」「是的。」年輕人解釋說，「以前我也是靠右邊上樓的，但別人總是不會注意。」年輕人的話還沒說完，就聽到了總經理爽朗地笑了：「喔！我明白了。這樣吧！我還缺少一個助手，要不然你過來試試吧？」

在行銷公司總經理助理的位置上，年輕人做得格外得心應手，一連串的另類推銷方式給公司帶來了巨大的經濟效益，而他自己在獲得不斐收入的同時，也得到了很好的磨練與提升，自然而然地也就成為公司裡不可多得的人才。

「老觀念不一定對，新想法不一定錯。」很多時候，機會往往青睞那些改變習慣、轉換思維的人。而社會結構中最有用的一小撮，也正是有創新能力和喜歡標新立異的人。因此，不要害怕成為「出頭鳥」，要知道，成功不是由抄襲、模仿中得來的，而是由個人的創造力造成的，所以你一定要勇於去做成功路上的創始者。

有智慧之語如是說：「如果你想從失敗、挫折走向成功和從偏見、錯誤走向正確，然後進一步地超越理想直至獲得卓越的評價，那麼你就必須改變自己的習慣和轉換自己的思維。」人習慣按常理活著，所以他的人生就不容易發出光彩。如果你是一個不安於現狀的人，不妨嘗試著打破常規，採取「另類」的生活方式。畢竟，在很大程度上，人與人之間的根本差異就在於習慣與思維，可以說有什麼樣的習慣與思維，就會有什麼樣的人生。

在這個世界上，需要的不是追隨者、依附者，而是能夠離開走熟了的路徑從而闖入新天地的人。因為，只有在突破老套經驗和既定規則的時候，我們才能夠不斷地發現自己的潛力，從而找到最適合自己的事業，並衝破難關造就人生的輝煌。改變習慣，轉換思維，人生會更精彩。

轉念先動心

西蒙——

「機會對於不能利用它的人又有什麼用呢？正如風只對於能利用它的人才是動力。」

信念4

停止抱怨，試著開始思考和行動

如果你想讓自已有獨一無二的價值，最快的方式就是積極地思考跟行動，因為這個世界不缺少抱怨和牢騷的人，缺的是會思考和行動的人。

究竟什麼叫好命？

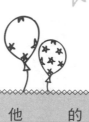

一九七〇年，狄斯奈樂園建成了。但各個景點之間的路線該怎樣連接還沒有形成具體的方案，設計師格羅培斯為此茶不思飯不想。

有一天，格羅培斯開著車子外出兜風。當車子從一條鄉間公路拐入一個小山谷之後，他驚奇地發現那裡停放著許多大大小小的車子。原來，這裡有一個無人看管的葡萄園，任何人只要在路邊的箱子裡投入五法郎就可以摘一籃葡萄繼續上路。

驚訝之餘，格羅培斯就向一位恰好路過的當地人打聽，這才明白了其中的原委，原來這個葡萄園是當地一位老太太的，因為實在無法管理所以就想出了這個辦法來。誰知道這樣一來，在這方圓百里的葡萄園裡，總是老太太的葡萄最先賣完。

頓時，格羅培斯擊掌叫好：「這種完全給人自由、任其隨便選擇的作法，真是太完美了！」也就是在這個時候，格羅培斯的腦海中突然閃過一道靈光。

是什麼想法打動了格羅培斯呢？

原來，格羅培斯想到了這些天來自己一直想找個什麼方法去設計路線。他心想這麼一個看似笨拙但很有意思的作法竟然能把葡萄賣完，那麼如果運用到狄斯奈樂園的景點路線設計中的話豈不是照樣行得通？

靈感一來，格羅培斯頓時神清氣爽，隨即掉頭回到了狄斯奈樂園，然後立刻給施工部下達了一道命令：撒上草種，提前開放。

就這樣，在提前開放的半年裡，狄斯奈樂園綠油油的草地被前來觀光遊玩的人踩出了許多條大大小小的路。格羅培斯就讓人按照這些踩出的痕跡鋪設了人行道。

順帶一提，正是這樣的路徑設計，最後被評為了世界最佳設計。

在日本北海道，每年冬季的積雪期長達四個月，嚴重影響了農作物的如期播種。

於是，就有農人開始抱怨了：「哎呀，這該怎麼辦呢？剷除殘雪嗎？費力又得花大筆錢；等陽光來融化嗎？天公常常不作美。」抱怨歸抱怨，問題還存在著。

很快，又一個春天來臨了。就在別人還在抱怨的時候，一位老農夫卻開始思考如何消除積雪，最後還真的找到了一個實用的辦法來，把爐灶中的黑灰撒在積雪上，就可以有效地融解積雪了！

就是這麼簡單，少些抱怨和牢騷，多些思考和行動，就會尋覓到新的出路。但遺憾的是，在現實生活中，抱怨和牢騷卻成了一種普遍的現象，我們總能聽到這樣或那樣的抱怨和牢騷，說這不好、嫌那不好，卻很少甚至從不花些時間和精力去思考、去行動。

抱怨也好，牢騷也罷，既不能讓現狀有所改變，也無法把一切推翻重來，更不會讓所有的不如意一下就煙消雲散；相反的，還會使得事情變得更加糟糕，同時也對自己的身體產生不良的影響。

有道是：「事變我變，人變我變，不要把希望盯在一個點上。」在做事情的過程中，無論是誰都不可能像諸葛亮那樣事事能掐會算。如此，當遇到意外的時候，拒絕抱怨和牢騷、換上思考和行動，也就顯得非常重要了。因為只有這樣，方能在「死胡同」中找到峰迴路轉的契機。

我們不得不承認，一味的怨天尤人或者是牢騷滿腹，只會讓成功距離自己越來越遠。無論是在職場中還是在生活中，幾乎沒有人會喜歡常常抱怨或者猛發牢騷的人。而看看那些習慣抱怨和牢騷的人，往往只落得被人孤立的尷尬下場。

一個人是以他的行動來定其價值的。別人成功了，我們卻沒有，並不是別人運氣好，而是人家善於思考和行動，從而對這個世界多了份觀察，對自己的生活多了份把握。因此，既不要抱怨或者牢騷自己遇到的困境，也不要抱怨或者牢騷自己不如別人的待遇，當懷著滿腔的熱情去全力以赴的時候，終將會得到豐厚的回報。

有智者言：「這個世界不缺少抱怨和牢騷的人，缺的是會思考和行動的人。」可以說，所有的計畫、目標以及成就，都是思考和行動的產物。為什麼有的人成就了事業，有的人卻碌碌無為一輩子呢？其實，成功的機會幾乎無處不在，只是它更青睞於思考和行動的人，而對抱怨和牢騷的人則敬而遠之。

當你陷入困境的時候，不要抱怨，而是默默地吸取教訓。比爾．蓋茲的這句名言啟示我們：「在日常生活中，我們要學會以思考替代抱怨、用行動替代牢騷。遇到棘手的問題，不妨換個思路去想想；遇到重大的事情，不妨鼓起勇氣去試試。」沒有跨不過的溝，關鍵是看你如何走；沒有解不開的結，關鍵是看你如何解。善於思考和行動的人，永遠不會被困難嚇倒的，即使前面荊棘叢生也能披荊斬棘，即使前面泥濘坎坷也能風雨兼程。

轉念先動心

恩格斯——

「判斷一個人當然不是看他的聲明，而是看他的行動；不是看他自稱如何如何，而是看他做些什麼和實際上是怎樣一個人。」

信念 5

用快樂之水沖淡抱怨的苦味

人生在世，挫折痛苦一定存在；你用膽汁去浸它，它必定苦得讓你難以吞嚥，你用糖蜜泡它，它必昇華。

究竟什麼叫好命？

在一個社區門口處，有位善於診治各種疑難雜症的老中醫正在義診。

很快，輪到一位少婦了。她向老中醫專家訴說了自己的病徵：茶飯不思，失眠多夢，身體乏力，無精打采。

一番望、聞、問、切之後，老中醫說：「妳身體並無大病，只是心中有太多煩惱以致體有虛火而已。」聽了老中醫的話，少婦再也控制不住了，說了好一會兒，既有心中的種種煩惱，也有一些令人高興的事。

老中醫一邊聽一邊寫著，然後把兩張寫滿字的紙攤在了少婦的面前，一張寫滿苦惱，一張寫滿快樂，說道：「看，這就是藥方，妳把苦惱看得太重了，也就忽視了身邊的快樂。」說著，老中醫起身取來一盆水和一顆苦膽，把膽汁滴入水盆中，那濃綠色的膽汁在水中淡開，很快便不見了蹤影。

「膽汁入水，味則變淡。」老中醫娓娓說道：「想想看，人生何嘗不是如此？」

人們之所以怨氣沖天，是因為他們都做了一個相同的決定讓別人來控制自己的心情！

當情緒因為別人而低落、心情因為別人而變壞的時候，我們就會不由自主地覺得自己就是一個十足的受害者，於是順理成章地把原因歸罪於別人，並且還想方設法地去證明這一點：「瞧，我的心情不好都是你造成的，你得承擔責任。」結果，在別人不「認帳」的情況下，我們就只會抱怨或者是牢騷了。其實，像這樣「要求別人使自己快樂」的人生，不但會使別人不願意接近你，而且還會讓人望而生畏。

有人說，生活就是由無數的煩惱組成的一串念珠。當你唉聲嘆氣地生活，生活肯定會愁眉不展；當你爽朗樂觀地生活，生活肯定會陽光燦爛。

做一個快樂的人其實並不難，擁有一個幸福的人生其實也很簡單，只需要記住三個重點即可：不要拿自己的錯誤懲罰自己；不要拿自己的錯誤懲罰別人；不要拿別人的錯誤懲罰自己。

很多時候，當我們在為種種苦惱之事而感到失落甚至流淚時，其實快樂就在我們的身邊微微地笑著。如果我們任由這些外在的人和事來決定自己的心情，那麼我們就會在不知不覺之中把心中的快樂拱手讓給了別人，還不如嘗試看看用快樂之水來沖淡抱怨的苦味呢！

就好比是平靜而清澈的湖水可以清晰地倒映出周圍的環境，而浪花翻捲的海水則只能看到一片渾濁一樣，一顆快樂的心，就好像是一面鏡子一樣能如實地反映出事物的本身；而一顆抱怨的心，則總是被各種情緒所左右，一生煩惱不堪。人生在世，其實是為自己而活。一個人，出生於什麼樣的環境和什麼樣的家庭，固然沒有辦法選擇，但卻可以選擇自己的生存方式。當我們把「心田裡的雜質慢慢地沉澱下去」之後，那麼我們的心就能變得澄清，從而清楚認識一切事物的本質以及我們煩惱的根源，然後成為一個真正有智慧的人，活出生命的品質。

記住，不要讓抱怨的苦水越來越濃。

因為抱怨，一些本可以成為天才的人物只好做著極其平庸的工作；因為抱怨，很多人把大量的時間和精力耗費在了無謂的煩惱上。可以說，沒有一個人因為抱怨而獲得好處，也沒有因為抱怨而改善了自己的處境；相反的，抱怨卻在每時每刻地損害著我們的健康、消耗著我們的精力、擾亂著我們的思想，從而使得我們無法顧及那些應該做，以及必須做的事情，直至陷入痛苦不堪的深淵之中。

也許你會說：「我也知道快樂比抱怨好，但就是快樂不起來呀！」別著急，那是因為你還沒有掌握快樂的技巧罷了。這裡，有幾點實用的建議，能夠幫助你掌握快樂的鑰匙進而掙脫抱怨的束縛：

・對工作充滿熱情

無論是身居要職還是無名小卒，當你對手頭的工作充滿熱情與興趣的時候，就可以比較輕鬆地把它們做完、做好，這樣也就能從工作中得到快樂了。

・與家人和睦相處

常言道：「家是永遠的避風港。」不管是受了委屈還是有了成就，當你和家人一起分擔或者分享的時候，就一定能夠在其中享受到無與倫比的天倫之樂。

・結交知己朋友

在生活中，有那麼幾個貼心的朋友能和你一起暢談理想並為理想一起奮鬥，能在任何時候都可以趕過來聽你傾訴以及和你把酒言歡，將是一件難得的美事。

・發展個人興趣

人生並不只有工作一件事情，那樣未免過於單調了。不妨在工作之餘培養一些個人的興趣，例如下棋、釣魚、旅遊、讀書、唱歌等，都能讓你的人生變得多姿多彩。

・經常自我充電

俗話說：「活到老，學到老。」想要保持一份生活情趣和好奇心，你就必須學會不斷地超越自我，學習知識，讓其成為自己登高的墊腳石。這樣也能讓自己時刻跟上時代的步伐。

・盡情打扮自己

愛美之心，人皆有之。把自己打扮得漂亮一點，不但能使別人看著開心，而且也會讓自己有個好心情。更重要的是，它會讓你時刻保持一份難得的自信心。

人的精力總是有限的，當快樂的事情想得多了，那麼不快樂的事情就會自然而然地想得少了。正是因為這樣，有些人雖然也有不少痛苦，但因為他們的專注力集中在尋找快樂之上，也就是用快樂之水沖淡了抱怨的苦味，所以他們的心總是快樂的。

轉念先動心

斯特洛夫斯基——

「人的生命似洪水在奔流，不遇著島嶼、暗礁，難以激起美麗的浪花。」

第06章

好命是知足、感恩、善解跟包容的孩子，你可以用這些心態來養育它

知足、感恩的人蘊藏莫大的力量，能夠將他人的善匯聚成自己的信念；善解、包容的人擁有神奇的可塑性，而他們往往在被磨練的同時成為了勝利者。

信念1

不抱怨是珍惜自己的重要表現

一個人無論有怎樣的缺陷，怎樣的不如意，別人可以不愛你，但你自己決不可以不愛自己；別人可以拋棄你，但有一個人不能拋棄你，那就是你自己。

究竟什麼叫好命？

有一個私生女，用評斷美女的標準來看身上有著不少的「缺陷」，但卻對電影情有獨鍾。十六歲的時候，她主動找到了一個電影製片商，纏著人家說要拍攝電影。無可奈何之下，導演只好給了她一個小小的角色。不過，在第一次試鏡的時候，她就失敗了，所有的攝影師都抱怨她的條件根本達不到美女的標準，尤其是鼻子和臀部。

沒辦法，導演只好把她叫到辦公室，建議她把臀部減去一點、把鼻子墊高一點。通常的情況下，演員都會對導演言聽計從的。但是，她卻不肯聽導演的話，反而認為那恰好就是自己的獨特亮點。

如此，在試了三四次鏡頭之後，導演又把她叫到了辦公室，以試探性的口氣說：「我剛才和攝影師開了個會，他們給我的意見全都一樣。除了妳的鼻子之外，還建議妳把臀部也稍微削減一些。我認為，如果妳想在電影界闖出一番事業，妳也許該考慮做一些改變。」

可是她還是堅持自己的看法：「說實在的，我的臉確實稱不上漂亮，但是我為什麼要長得跟別人一樣呢？」頓了一下，她接著說道：「我要保持我的本色，我什麼也不願意改變。至於我的臀部，無可否認，我的臀部確實有點過於發達，但那是我的一部分，那是我的特色，我願意保持我的本來面目。」最後，她又補上了一句：「至於別人的抱怨，那與我無關。」

愣了片刻，導演讚許地笑了，繼而拍起手來。就這樣，電影拍成了。她，也隨著電影的播放一下子紅了起來。

知道故事的女主角是誰嗎？她就是蘇菲亞羅蘭。我們可以說，她正是依靠著「接受自己」，一步一步地走上了成功之路。

在日常生活中，總是可以聽見這樣的牢騷：為什麼我的成績很差而別人的成績卻那麼優秀？為什麼我是單眼皮而不是雙眼皮？為什麼我生在普通家庭，而不是生在一個富裕的家庭？為什麼別人很容易地就成功了，而我卻始終不見好運？

其實，當你說出這樣的話時，也就充分地表露出你有著很深的「悲劇情結」，而不知道學會接納自我。能夠接納自我的人，就是當面對別人的評價、情感和任何感覺的時候，都能全然的接納它，並採取一種不抵抗、不評判的態度，把它當成一種存在，從內心接受自己現在的樣子。如此一來，就能節省一種原來用在抵抗和反抗方面的心理能量。

有句充滿智慧的話這麼說：「獨特是一種美。」在這個世界上，永遠找不到第二個與我們完全同樣的人，就如同這個世界上找不到相同的兩片樹葉一樣。所以，我們每個人都應該慶幸自己是獨一無二的，而不要為了或矮、或高、或胖、或瘦、或豐滿、或苗條……等等而怨氣沖天。畢竟，唯有當一個人學會了欣賞自己的外表、愛惜自己的身體、全然地接受自己和愛自己現在的樣子之後，才能比較清楚地認識自己，進而適時地悅納自我。

希臘哲學家畢達格拉斯曾告誡人們：「尊重自己比什麼都重要。」其實，尊重自己正是「悅納自我」的另外一個翻版：學會關注自己的特色，把自己的稟賦發揮出來，千萬不能低估自己。正所謂：「一個人無論有怎樣的缺陷，怎樣的不如意，別人可以不愛你，但你自己決不可以不愛自己；別人可以拋棄你，但有一個人不能拋棄你，那就是你自己。」

在人生道路上，我們是憑著做事的能力或所締造的事績決定地位高低的，我們的所得多寡，也大多取決於本身專業才能的高低。然而，一個在生活中散播陽光和快樂的人，往往具有黃金一般尊貴的身價。因為，當他採取一種坦然的態度來接納自己時，就會得到一種身心的釋然或者是解放。

林肯曾經說過一句話：「摧毀敵人最好的方法，就是把他變成朋友。」應用在對待自己的方式上，道理也是同樣的：「善待自己最好的方法，就是給自己一張笑臉。」而要達到這種轉變的第一步，就是從「不抱怨」開始做起。這就是「不抱怨」的獨特妙用，不但可以讓自己的生命之樹掛滿香甜的果實，而且可以讓自己的人生道路開滿豔麗的鮮花！不妨記住你的態度，也就是你內在思維的外顯表現，決定了人們和你之間的關係。成為不抱怨的人，你可以花更少的心力招致更多的快樂；當然，別人也更想和你一起共事，這樣你就會締造更高的成就、得到更多的收穫，遠遠勝過自己夢想所及。

轉念先動心

穆尼爾·納素夫——

「一個寬宏大量的人，他的愛心往往多於怨恨；他樂觀愉快、豁達、忍讓而不悲傷、消沉、焦躁、惱怒。」

信念2 不抱怨能吸引生命的正向能量

唯有從腦中徹底消除抱怨的念頭，你才能卸下負擔，不停地向前行。

究竟什麼叫好命？

有兩個人，患了同樣的病，住進了同一個病房。

其中一人，是個「牢騷鬼」，一會兒對醫生說：「哎呀！我怎麼會得到這種病呢？」一會兒對家人說：「天啊！我大概活不了多久了吧！」

另外一人，是個「老頑童」，不是拉著醫生的衣角問：「醫生，我還得和老朋友下棋呢！什麼時候能出院？」要不就是拉著家人的手自嘲：「哎呀！你也知道的，我這是老毛病了，過兩天就好了。」

結果，過了幾天之後，「牢騷鬼」不幸地去世了，而「老頑童」卻開開心心地出院了。

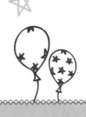

也許你還不知道，當你開始抱怨的時候，其實也在無形之中開始了排斥自己指名想要的東西，換言之，你的抱怨會推開所有美好的事物。研究報告指出：「抱怨是健康生活的第一殺手。」

抱怨多半是為了獲取別人的同情和注意，並且迴避讓自己「反感」的事情。從表面上看，可能會嚐到一些甜頭，卻往往要付出沉重的代價。學著不抱怨，才能積聚健康生活的能量，讓自己生活得更輕鬆、更舒坦。不抱怨就是一種健康的生活方式。

遇事不抱怨的人，他的人生字典裡面從來就沒有「難」字，也沒有「怨」字，做什麼事情從來沒有為難過，也沒有抱怨過。好像沒有剎車裝置的坦克車，永遠是勇往直前的衝過去，無論是受到冤屈，抑或是遭受誤解、打擊，從來沒有找人抱怨過，只是找個僻靜的角落舔舐一會兒痛楚的傷口之後，爬起來繼續往前走。

說起「不抱怨」的好處，有心理學家在長期的研究後指出：在日常生活中，如果事事做到不抱怨的話，起碼可以讓你獲得以下幾個方面的「回報」：

‧不抱怨，讓你心平氣和

俗話說：「人生不如意，十之八九。」尤其是在目前的社會環境裡，伴隨著競爭加劇及壓力的增大，無論是誰難免會不時遇到一些或大或小的困難或者是挑戰，就好像工作遇上瓶頸、業績達不到目標、存在得不到肯定、晉升的希望落空、無端受到別人的猜忌乃至孤立等等。如此，唯有以一種「不抱怨」的方式寬容地看待，你才能盡快地平息心中點燃的怒火，讓自己冷靜地去看待事物，不至於總是偏離正軌。

・不抱怨，讓你頭腦清醒

在決策的時候，是牢騷滿腹有幫助呢？還是心平氣和有幫助？相信幾乎所有的人都會選擇後者，認為保持冷靜更能保證決策的客觀、正確，乃至有前瞻性。唯有不抱怨，你才能保持頭腦的清醒，比較有系統且理智地認識事物的各個面向，從而以一副沉著、堅定的心思來面對生活中的大小雜事。當然，更重要的是，你也就可以在這樣的歷練中不斷地剖析自己、調整自己，開創屬於自己的一番事業。

・不抱怨，引領你到夢寐以求的理想境界

其實，遇事喜歡抱怨容易突顯本身的缺點。如果一個人在困難來臨時不是想方設法去克服、遇到挫折時不思己過，卻整日只知道怪這怪那、空發牢騷，就會讓自己陷入低潮中無法自拔，事事只為自己找藉口。

對於任何一個人來說，一個念頭創造了一個世界，你的念頭將引領你到自我創造的境界。當我們學會不抱怨，不讓抱怨的負面言語說出口，才能主動地創造夢魅以求的理想境界，這就是所謂的「吸引力法則」。

或許有人會問：怎麼樣才能做到「不抱怨」？其實很簡單，想要做到「不抱怨」，首先必

須以平常心看待事物，細心地觀察自己在環境中所該扮演的角色，面對困難和挫折時，才能平心靜氣地分析自己在現實中的競爭力，用最適合自己的方式爭取自己所想要的。

轉念先動心

泰戈爾——

「完全按照邏輯方式進行思維，就好像是一把兩面都是利刃而沒有把柄的鋼刀，會割傷使用者的手。」

不抱怨是自我尊重的行為

抱怨是我們患的一種精神病毒，長此以往會讓一個人陷入深深的泥淖而不能自拔。顯而易見，他周圍的人即使看見了也不會伸出手來拉他的。

究竟什麼叫好命？

從前，有個人到鄰居家的菜園裡偷菜，恰好被菜園的主人看見了。然而，菜園主人不但沒有制止，反而轉身進了自己的家門，而且還把門也給關上了。

見狀，小偷就找到菜園的主人，說：「我偷菜被你看見了，現在沒臉見人了。」卻聽菜園主人哈哈笑道：「你怎麼這樣說呢？我們是鄰居，你只是想知道我這裡的菜為什麼長得那麼好，對嗎？我這裡的菜，好看，也好吃。不信？你嚐嚐看。」說著，他真的從籃子裡抱出兩捆菜來，硬是塞到了偷菜人的手裡。後來，這個菜園的主人成了眾口稱讚的好人。

究竟什麼叫好命？

有一次，在理髮的時候，周先生突然一咳，使得理髮師傅手一滑就在他的臉上劃出了一道傷痕。見狀，周先生不但沒有責怪理髮師傅，反而馬上向理髮師傅致以歉意：「實在對不起呀！都怪我咳嗽之前沒有和你打聲招呼！」而且，還在理髮結束之後請理髮師傅一起去吃飯，以消除理髮師傅的不安。

回來之後，理髮師傅逢人便講：「哎呀！周先生真是個好人，我把他的臉劃破了，他還反過來使勁地安慰我。」

封閉的思維方式，常把別人的差異看作不可饒恕的愚昧和錯誤，因而常憤憤不平，甚至覺得他人不可理喻，這不但會造成人際上的摩擦，也讓我們失去用各種角度體會和理解生活的機會。

雙唇的美麗，來自於親切友善的語言。

雙眼的可愛，是因能善於看到別人的優點。

身材的苗條，來自肯將食物與饑餓的人分享。

秀髮的美麗，是因為每天有孩子的手指穿過它。

姿態的優雅，源於和別人一起翩翩起舞。

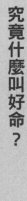

我很喜歡這段話，因為這提醒了人們：「我們的相似處就在於每個人都截然不同。」

心理學家認為，我們注意到某人的行為與我們所期望的不同，又沒有努力去瞭解和理解背後的故事，就容易對別人做出極端的評價，這也是「抱怨」的根源—未能看到他人完整的一面。因而，如果你不想失去夥伴、朋友，繼而讓人生變得艱難，請從現在開始就緊緊地閉上你的嘴巴，別再抱怨了。隨著日子的流逝，你很快就會發現，在獲益的同時，你也深深地感染和吸引著別人。

在生活中，我們常會在無意之間「偷聽」到有人這樣議論自己：「他這個人，一點也不懂得尊重別人，只顧著自己逞一時口舌之快。」相信，你會覺得納悶：「我怎麼不知道要尊重別人？只不過是牢騷個幾句嘛！」其實正是你有意無意的抱怨，引發了別人對你的反感甚至是敵視。例如：聚餐時，別人掉下了幾顆米粒或者是剩下了一點菜葉，你就抱怨人家「浪費」；開會的時候，別人接聽了一通電話或者起身去倒了一杯水，你就抱怨人家「分心」；上班的時候，別人給你發錯了一份資料或者是不小心地撞了你一下，你就抱怨人家「豬頭」。

誰都知道，禮儀中的一個基本精神就是尊重他人。但你是否又知道，在這個基本精神當中，最為重要的一條就是：切勿隨意抱怨！因此，無論是於己、於人還是對於社會，我們都應該做一個不抱怨別人而又不被別人抱怨的人。

不抱怨是尊重他人的行為，更是贏得他人尊重的前提和基礎，一個老是抱怨他人的人是不可能贏得他人的尊重的。而且，很多時候，抱怨失去的不僅僅是勇氣，還有身邊以及遠處的朋友。因為，誰都恐懼牢騷滿腹的人，害怕自己受到傳染。如此，一旦失去了勇氣和朋友，那麼人生也就變得艱難起來，這也正是喜歡抱怨的人繼續抱怨的根源所在。他們不知道，人生有許多簡單的方法可以撥亂反正，閉嘴是其中的真諦之一。

法國作家亞蘭在論述把快樂的智慧用於和抱怨作各種抗衡的時候這樣說道：「抱怨是我們患的一種精神病毒，長此以往會讓一個人陷入深深的泥淖而不能自拔。顯而易見，他周圍的人即使看見了也不會伸出手來拉他的。」因此，應該向遠處看，擯棄抱怨的心態，這樣我們的腳步就會更加堅定，內心也就更加坦然。例如說，如果現在下雨了，我們就說：「下雨了。」而不要抱怨說：「該死的天，怎麼又下雨了？」因為這樣說並不能改變下雨的事實。

當然了，就算我們說：「太好了，又下雨了！」也不能對老天下雨發生任何的改變，可是如果我們把這種話說給別人聽的時候，情況可就大大的不一樣了！當我們說：「你看，太好了，又下雨了。」不但做到了停止抱怨，還會把快樂傳遞給別人。世界上的任何事情並不能總按照想像來發展，所謂「心想事成」、「萬事如意」都不過是美好的祝福罷了。所以，我們不要再為一些不痛快而抱怨什麼了，其實，在你憂鬱、痛苦以及不開心的時候，快樂並沒有離你遠去，而是繼續在身邊遊蕩。

只是，它不會自覺且主動地自己送上門來，而要靠你自己去爭取。每個人都有一個屬於自己的快樂寶瓶。快把你的快樂收集起來，裝入瓶中，讓它與你一起對抗你的抱怨吧！

轉念先動心

納素夫——

「生活中，諒解可以產生奇跡，諒解可以挽回感情上的損失，諒解猶如一個火把，能照亮由焦燥怨恨和復仇心理鋪就的道路。」

信念4

不抱怨可以做為成功人生的最佳指標

一個在自己的頭腦中裝滿了牢騷的人，是無法容納別的東西的，聰明的做法就是趕緊停止，而不要耿耿於懷。

究竟什麼叫好命？

有一個叫皮爾的人，一直夢想著當一名出色的舞者。

可是，由於家裡實在太窮，沒有錢送皮爾去舞蹈學校，只好把他送到一家縫紉店裡當免費學徒，希望他能學得一門手藝，也好幫助家裡減輕一點經濟負擔。皮爾非常厭惡縫紉工作，因此天天牢騷滿腹。在一些日子之後，皮爾終於支撐不住，對縫紉店的老闆說道：「像這樣縫縫剪剪的，能有什麼出息啊！我不做了！」見狀，老闆也只好嘆著氣說：「像你這個樣子，也很難學到我的手藝，走了也好。」一出了門後，皮爾越想越覺得了無生趣，產生了輕生的念頭。但就在準備跳河的時候，他想起自己從小就崇拜著的布德里：「只有他，才能明白我這種肯為藝術獻身的精神了。」隨後，趕緊找來紙筆寫了一封信給布德里，希望這位「芭蕾音樂之父」能夠收自己為徒。

很快，布德里回信了，不過，沒有提及收皮爾為徒的事，而是為他講了一段自己的人生經歷。原來小的時候，布德里的夢想是當科學家，但因為家境貧寒，只好跟一個街頭藝人去賣藝，最後，布德里這樣說道：「人生在世，現實與夢想總是有著一定的差距。在夢想和現實生活之間，首先要選擇生存。只有好好地活下來，才能讓夢想之星閃閃發光。一個總是埋怨這、埋怨那的人，是難以獲得成功的。」

頓時，皮爾醒悟了：「對呀！光抱怨有什麼用呢？最多不過是暫時的發洩而已，什麼結果也得不到，甚至還會帶來更多負面的影響，倒不如好好地去做事呢！」接下來，皮爾努力地學習縫紉技術。

幾年之後，當他二十三歲時，皮爾在巴黎開始了自己的時裝事業，而且很快就建立起了自己的公司和服裝品牌「皮爾・卡登」。在某次接受媒體記者採訪時，皮爾深有感觸地說道：「一個在自己的頭腦中裝滿了牢騷的人，是無法容納別的東西的，聰明的做法就是趕緊停止，而不要耿耿於懷。」

上述例子裡的人都已經陷入了「抱怨輪迴」的漩渦之中，對於任何東西總愛隨口牢騷幾句。愛抱怨的人，往往是看這不順眼，看那也彆扭，慢慢地就會覺得心裡難以承受這麼多的負面壓力，而引起強烈的情緒波動，與別人發生矛盾和衝突，把自己「孤立」起來，從此和成功無緣。

在現實生活中，那些人總會在為公司創造了一點效益之後，就開始要討豐厚的獎勵，而一旦沒有如願的話，立刻就充滿了抱怨，抱怨公司的老闆、抱怨工作時間太長、抱怨公司管理制度過嚴……等等。結果，抱怨使得他們搖擺不定，抱怨使得他們的發展道路越走越窄，抱怨使得他們與公司的理念格格不入，到最後被迫離開，淪落為一位可憐的失業者。

抱怨就如同人生道路上的絆腳石，勇敢地踢開它，你的人生道路才能平順。別讓自己陷入抱怨輪迴的困境，美好的事物才不會離你遠去。當你不再動不動就抱怨這、抱怨那了，你的內心才會在無形之中變得堅韌，如此也就可以比較輕鬆地抵達勝利的彼岸了。

人在工作不順利或者生活不順心的時候，難免會產生抱怨的情緒，甚至會採取一些消極對抗的行動，這是一種正常的反應。但是如果從另外一個角度，用一種豁達大度的心態來對待它，就會將這種不公正，或者不如意當成是對自己的一種考驗，在這種考驗中，你嘗試著通過努力去改善自己的處境，慢慢地就會形成高尚的品格——真正的勇氣、堅毅的秉性、果敢的決心，而這些正是成熟的顯著標誌，成功的必備條件。

不抱怨的人只知道做事，而不是議事。在《無言的沮喪：成功者的真相》一書中，作者簡・哈伯經過長久的追蹤觀察之後也下了這樣的結論：成功的人，喜歡接受生命中所有的困難與挑戰。他們並不因此而去抱怨什麼，反倒去配合與適應這一切。他們並不責怪別人，也不去製造什麼藉口，反而去承擔生命的責任。不論遇到何種遭遇，即使是身處逆境之中，他們也能正面的迎上前去，打拚一番，毫不退縮！他們能在別人身上及世界當中尋找美好的一面，且似乎從不落空。他們將生命視為一連串的機會與可能，努力地去發掘這一切。

不妨記住，不抱怨是成功人生的標誌，抱怨越多，幸福就越少。減少你的抱怨，你才能得到更多的滿足、更多的快樂，直至成功。

轉念先動心

納素夫——

「生活中，諒解可以產生奇跡，諒解可以挽回感情上的損失，諒解猶如一個火把，能照亮由焦燥怨恨和復仇心理鋪就的道路。」

不抱怨可以崇高強者，堅強弱者——真正的強者是不抱怨的

命運把他扔到沙漠，他就做駱駝；命運把他扔到天空，他就做鷹；命運把他扔到草原，他就做狼——這就是強者的生存哲學！

究竟什麼叫好命？

一四九二年八月的某一天，偉大的航海家哥倫布帶領著一行人出發去尋找「新大陸」，但船隊在航行了一個多月後，仍始終不見陸地的影子，眼前能看到的只是一望無際的海水。

船上的水手們開始沮喪，後悔跟著這個叫哥倫布的瘋子去找一個鬼地方！水手抱怨連連。然而，哥倫布沒有動搖，也沒有抱怨，他只是不停地行動著。他看了一位大學教授送給他的地球儀和穿越大西洋的地圖後，意志更堅定了。他信心百倍地對隊員們說：「三天之後就能夠找到陸地，到那時，我將付給大家雙倍的工資。」

果然，一天清晨，桅杆上的一名水手驚喜地叫了起來：「陸地！陸地！」大家借著天光，看見了不遠處平坦的沙丘。他們擁抱著，跳躍著，有的船員甚至興奮得跳起舞來。這塊陸地被哥倫布命名為聖薩爾瓦多，意即「救世主」的意思。那些曾經不停抱怨的人都感到很羞愧，卻也更加佩服哥倫布了。

在陸地上考察了兩個多月後，哥倫布留下了三十九名水手，為他們建築了房屋，留下足夠吃一年的食物，自己則帶著其他水手駕船返航。在途中，輪船不幸遇上了暴風雨，桅杆被吹斷了，風帆也被刮得四分五裂，大家都感受到了死亡的陰影。於是，一些水手又開始抱怨，他們謾罵連天，後悔不留在陸地上、埋怨鬼天氣、埋怨輪船太破。但是，哥倫布在困難中仍鎮靜地做著他認為應該做的事情，他不是不害怕，但他想到的不是抱怨，而是怎樣去解決問題。

由於大夥兒可能會死在這場風雨中，哥倫布拼死也要將航海紀錄回報給西班牙，於是他讓船員把他捆在椅子上，在膝蓋上綁了一塊大木板，找來羊皮紙，把發現新大陸和島上的情況都記錄下來，然後把紙裹在一塊塗了蠟的亞麻布裡，塞進小木桶。然後，他解開捆在身上的繩子，把桶子投進大海。

幸運的是，輪船最終經受住了颶風的襲擊，回到了西班牙。他帶回鸚鵡、長矛、華麗的羽毛等物品，使西班牙人認識了另外一個世界。

哥倫布的成功是很多因素構成的。但是，如果他遇到困難的時候總是抱怨個不停，他就不能果斷地採取行動，就不能找到陸地，更不能安全返回西班牙。他的與眾不同之處，就是遠離抱怨，冷靜地面對現實，接受事實，並積極想辦法解決問題。這才是一個成功者遇到問題時應該採取的態度。

生活中我們常常能聽到一些抱怨聲，有的人抱怨自己太平庸，沒有什麼大才氣；也有的人抱怨自己的家境太普通，不能幫助自己成功；還有的人抱怨周圍的人不願合作，影響了自己做事的進度，他們不停地抱怨著，怪父母、怪同事、怪自己，甚至怪天氣、怪馬路上來來往往的車輛。生活中許多事情告訴我們：只會抱怨的人是無法把事情做好的。

也有一些人，儘管生活上有許多事情對他們來說很不公平，但他們不去抱怨，而是把別人拿來抱怨的時間用來自我激勵，用來努力工作和學習，結果，他們取得了令人刮目相看的成績。

人其實只有三種：失敗者，觀望者和成功者。

・失敗者悲觀

失敗者堅持說自己不能達到目標，對他們來說夢想就是一種遙不可及的理想，永遠無法實現。他們生活在幻想中。

・觀望者猶豫

觀望者愛和稀泥。如果一切順利還好，一旦問題出現，阻礙目標的達成，他們就裹足不前，把夢想拱手讓人。遇到挑戰的時候，他們則寧可退而求其次。這樣的人如同騎在牆頭上，隨風觀望。

・成功者堅持

成功者的生活不屬於失敗者或觀望者。成功者對自己的能力有十足的信心，知道成功是註定的。他們厭惡沒有鬥志的人，因此努力使這些人也成為領袖。他們清楚自己的短處和弱點，因此努力取長補短，以促成功。成功者能夠接受自己的失敗和錯誤，收拾殘局，繼續為達到目標而奮鬥。

把自己的不足和失敗歸罪在別人身上總是比較容易的。雖然我們心裡明白自己才是問題的根源，但是自憐和驕傲不容許我們承認這個事實。把問題歸罪在別人身上，自己卻躲在虛假的掩飾背後，則容易多了。抱怨者好像總是不會做錯事情，不論發生了什麼不幸的事情，他總有辦法找到一個方便的藉口，把問題怪罪到其他當事人的身上。

說起來很可憐，有的人好像命中註定了什麼都做不成。不論他們到哪裡，頭頂好像總有一片烏雲盤旋。他們就像「天生的失敗者」，總是成為別人嘲笑的對象，久而久之便失去了自尊和自重。愛抱怨的人屬於那種應該避免往來的物件，和愛抱怨的人交往不只是害了自己，也是置自己的夢想於絕境。

愛抱怨實在應該算是一種絕症。它是一種剝奪人的自重，而且摧毀成功機會的疾病。愛抱怨的人成不了大器，只是活著而已。在知道了我們應該做一個成功者而不是抱怨者之後，請認真思考並回答以下問題：

一、在完成目標的過程中，一定會出現種種阻礙和困難，你會抱怨嗎？

二、你願意和抱怨者交朋友嗎？身邊的朋友如果抱怨，正確的做法應該是什麼？

三、遇到挫折和困難時，你能找出辦法來克服它們嗎？

不妨記住，不抱怨是強者的生存哲學：抱怨者永不成功，成功者永不抱怨。

轉念先動心

亨・奧斯丁——

「這世界除了心理上的失敗，實際上並不存在什麼失敗，只要不是一敗塗地，你一定會取得勝利的。」

信念6

不抱怨是智者推崇的生活態度

不抱怨，是你可以為自己的成功做的第一件事。

究竟什麼叫好命？

山裡住著一位以砍柴為生的樵夫，在他不斷的辛苦建造下，終於完成了一間可以遮風擋雨的房子。有一天，他挑了砍好的木柴到城裡交貨，當他黃昏回家時，卻發現他的房子起火燃燒了。

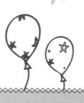

左鄰右舍都前來幫忙救火，但是因為傍晚的風勢過於強大，所以還是沒有辦法將火撲滅，一群人只能靜待一旁，眼睜睜地看著熾烈的火焰吞噬了整棟木屋。

當大火終於滅了的時候，只見這位樵夫手裡拿了一根棍子，跑進倒塌的屋裡！不斷地翻找著。圍觀的鄰人以為他正在翻找著藏在屋裡的珍貴寶物，所以也都好奇的在一旁注視著他的舉動。過了不久，樵夫終於興奮的叫著：「我找到了！我找到了！」鄰人紛紛向前一探究竟，才發現樵夫手裡捧著的是一片斧刀，根本不是什麼值錢的寶物。只見樵夫興奮的將木棍嵌進斧刀裡，充滿自信的說：「只要有這柄斧頭，我就可以再建造一個更堅固耐用的家。」

成功的人不是從未被擊倒過，而是在被擊倒後，還能夠積極地往成功之路不斷邁進。

該抱怨生活嗎？想一想，我們是否曾迫不及待地收下生活恩賜給我們的一切，但當它變得不再輕鬆的時候就立刻抱怨它。生活本身就是由酸、甜、苦、辣、鹹五味組成，當品嚐過它的甜美之後，你就將不得不再去品嚐一下它的酸、苦、辣、鹹。因為，甜美的日子固然讓人高興，但如果生活中只有甜的話，那麼就不覺得甜的特別了。

心理學家認為，抱怨本身其實是一種對已成乃至未成的事實，投以盲目、無用的怨恨和遺憾，除了會給自己的心靈多加一些自我折磨之外，沒有任何的積極意義。抱怨就好比口臭，當它從別人的嘴裡吐露出來時，我們立刻就會注意到；但當從自己的口中發出時，我們卻能充耳不聞。當事情不太對勁，而你說了：「當然會這樣囉！」或是「難道你不知道嗎？」你就是在傳送這樣的資訊：你在等待壞事的降臨。這個世界聽見了，就會帶來更多壞事給你。如果你想去改變別人或者扭轉情勢，這就是抱怨。如果你希望一切有別於現況，這就是抱怨，而不只是陳述事實。就這樣，在自己和別人的抱怨聲中，你慢慢地就養成了「抱怨」的習慣，如此可怕的一幕也就出現了，你會發現，無論任何時間、任何地點，你都會有抱怨的理由，例如晴天太曬、雨天太濕、家裡太悶、旅遊又太奔波，就算是手裡拈著一朵無比嬌豔、美麗的玫瑰花，你都可能抱怨說上面的刺會扎手。

生命中的許多美好事物，也就是在日復一日的抱怨聲中離我們而去，並漸漸地越來越遠。也許你又會覺得不可思議了，那些覺得抱怨是理所當然的人，往往哪兒也到不了，只會在同一個不快樂的出發點團團地打轉。正如美國學者坎伯斯所論述的：「習慣抱怨，也是智慧低劣的表現。」抱怨是下意識地推卸責任的過程，習慣了抱怨的人同時也鈍化了化解壓力的積極思維。這樣的人多數沒有多大出息。因此，在抱怨之前，不妨先埋頭想一想：如果我們對自己坦誠，就會發現生命中足以讓我們正當抱怨（表達哀傷、痛苦或不滿）的事件，其實寥寥可數。我們的抱怨多半都只是一堆「聽覺污染」，有害於我們可能遇見的幸福與美滿。

或許，有人會這麼認為，想要一個人「不抱怨」，這可能嗎？誠然，在遇到任何不順心的時候，想發發小牢騷、吐吐苦水，似乎也是一件理所當然的事情，但是千萬別忘記了一個重要的理論：「吸引力法則」，如果抱怨，那麼就會遇上更多想要抱怨的事情。道理很簡單，當一個人在說些負面和不快樂的事時，他就會相應接收到負面和不快樂的事情。例如：當一個女人抱怨世界上沒有半個好男人的時候，其實就已經在自己的內心裡種下了一個「不相信有好男人」的因，所以即便是再度遇到了一個堪稱絕頂的好男人，也會立刻就從心裡開始懷疑，這樣也就只有繼續「擦肩而過」了。同樣的道理，如果你不抱怨了，也就是多說一些開心、鼓勵之類的事情，那麼就會相應為自己招引來更多的喜樂。如此，你要選擇抱怨還是不抱怨呢？

羅曼・V・皮爾說：「態度決定一切。」的確，態度決定一切，就是把態度變成一種精神動力和支柱，一旦看準了目標，就迎面而上，不折不扣地實現這個目標。不同的態度會讓我們對同一件事採取完全不同的做法，從而得到不同的結果。你有什麼樣的態度，就會影響你成為什麼樣的人，如果你一直以抱怨的心態去生活，那麼你就只能一直是生活的失敗者；如果你培養自己以不抱怨的心態去生活，那麼總有一天你會成為生活的主宰者。

正如俄國的一句俗諺所說：「想要打掃全世界，就從打掃你家的門前階開始。」當然，在你決定開始不抱怨的時候，你周圍的人多半依舊沉浸在抱怨之中，並且不時地還會往你這邊蹭過來。這個時候，你千萬不要想去改變他們，因為一個人唯有發自內心想改變時才會改變，在被強迫的狀態下可能只會得到相反的效果。要遏止周圍人的抱怨，最好的方法，套句甘地說的話也就是：「我們必須活出想要讓其他人效法的樣子。」因為，當有人開始認同你時，他自然就會跟隨著你的腳步前進了。

不抱怨，便掌握了命運的經絡，也就可以感應強者的脈搏和心跳；不抱怨，便抓住了生活的點滴，也就可以永遠擁有陽光燦爛的晴空；不抱怨，便看淡了眼前的痛苦，也就可以有效地放鬆心情使之保持平衡；不抱怨，便徹悟了生命的內涵，也就可以詮釋許多以往看起來一片混沌的事實；不抱怨，便學會了執著的追求，可以重新駕馭已經擱淺許久的航船。

不妨記住，不抱怨是智者的生活態度，當你的嘴巴停止了表達負面、消極之類的思想，你的內心就會產生出其他更快樂的念頭。因為你的心靈就像一座意念工廠，隨時都在運作，若是負面、消極的想法缺乏市場，工廠就會重建改組，轉而生產快樂的思想。

轉念先動心

莎士比亞——

「明智的人決不坐下來為失敗而哀號，他們一定樂觀地尋找辦法來加以挽救。」

第07章

轉念的力量無限大，因為整個世界都可以被涵蓋在裡面

你也許無法決定他人言詞的冷暖，但你可以決定世界在眼中的形貌；執念的人，天地往往很窄，轉念的人，天地往往很遼闊。

信念 1

想要價值連城，先把自己變成一顆珍珠

有時候，你必須要先有自己是沙粒的認知，才有勇氣跟力量蛻變成珍珠。

究竟什麼叫好命？

有一個自稱全才的年輕人，到處找尋了好一陣子也沒有找到理想的工作，就開始抱怨起來了：「我也沒比別人差多少，為什麼他們都有那麼好的機遇，而我卻沒有呢？」

他的父親聽見了，說道：「你呀，總想著和你的那群夥伴相比，這怎麼行呢？要想讓機遇來找你，你必須得比別人多付出些什麼吧？」望著不甚明白的兒子，父親就從一只嫁妝箱裡取出了一枚晶瑩剔透的珍珠來：「如果有人給你一枚這樣的珍珠，你想要它嗎？」

年輕人愣了愣，說：「那當然，只有傻瓜才不想要它呢！」

「那好，跟我來吧！」走出門來，父親來到了一堆沙子旁，彎腰撿起一粒沙子。

「看好了，這是一粒沙子，現在我把它丟進這堆沙子中。」說著，父親手指頭一鬆，就把那粒沙子丟到了沙子堆中，然後用腳尖混了混，再對兒子說：「你把剛才我手中的那粒沙子找出來吧！」

年輕人蹲下來，仔細地把那堆沙子翻過來又翻過去地找了半天，結果還是沒有找到。

這時候，父親又從口袋裡拿出那枚珍珠說：「現在，我把這枚珍珠丟到這堆沙子中，看你能否很快就把它找出來。」說著，手指頭一鬆，就把那枚珍珠丟到了沙子中，然後照樣用腳尖把沙子混了混。

這一回，年輕人只用了片刻的工夫就找到那枚珍珠了。

父親笑著問道：「為什麼那粒沙子你半天都找不到，而這枚珍珠你卻很容易地就找到了呢？」「這很簡單嘛！普通的沙子跟其他的沙子沒有什麼明顯的區別，所以也就很難找得到；而珍珠就不一樣了，晶瑩剔透，所以我很容易就能看到它啊！」

父親笑了起來：「嘿！這不就得了嘛！你總是埋怨著『沒有伯樂來相你這匹千里馬』，那是因為你自己只是一粒普通的沙子而已，如果你是一枚珍珠的話，哪怕是藏在無邊無際的沙漠中，機遇也會一眼就看見你的。想想看，是不是同樣的道理？」

年輕人聽了，頓時無語。

在如今的社會裡，面對著一批批不是有才華就是有閱歷的人，是不是覺得自己有些平庸？是不是發現自己屢屢碰壁？

但我們不得不承認：若要自己卓然出眾，那就要努力使自己成為一顆珍珠。

在現實生活中，許多有抱負的人都忽略了「積少才可以成多」的簡單道理，一心只想一鳴驚人、一飛沖天，而不去做埋頭耕耘的工作。等到忽然有一天，看見比自己晚起步，甚至天資比自己差的人都已經有了可觀的收穫時，這才驚覺自己這片園地上還是一無所有。並不是上天沒有給你機會，而是你一心只等待豐收而忘了播種。所以，如果你還在抱怨人生不得志或者是感嘆自己英雄無用武之地，不妨反省一下自己到底有多大的能耐、掂量一下自己到底有多少斤兩、了解一下自己到底有什麼能力。

你想卓爾不群，就要有鶴立雞群的資格才行。忍受不了打擊和挫折，承受不住忽視和平淡，就很難成功收穫和達到輝煌成就。若要自己卓然出眾，那就要努力使自己成為一顆珍珠。

一個成功者的成功之處就在於他總是比別人多付出一些，比別人向前多邁一步。因此，無論你從事什麼行業，無論身在哪一家公司，想要站穩腳步繼而做出一番成就，那麼就必須積極進取、時刻進步，不僅要具備專業知識技能，還要始終以一種精益求精的態度不斷提升自己的工作能力。

工作能力可以說是實現個人成長和收穫的敲門磚，而工作能力水準的高低，也決定了你對於公司成長所貢獻的大小，誰也不能奢望一個工作能力水準很低的人，能夠在競爭形勢日益嚴峻的情形下，大力推動公司取得長足進步。同樣的道理，無論是誰也都不可能脫離工作能力之本，而空談事業的進步與成長。

同時，還要懂得沒有一顆顆珍珠的累積，便沒有珍珠項鍊的誕生，關鍵是要製作好每一顆珍珠，做好自己的每一份工作、每一件小事。還是那句老話：「金子總會發光的。」因此，當別人都已取得事業上的巨大進展，而你仍然沒有取得進步的時候，切勿浪費時間慨嘆命運和機會對自己的不公，也不要再抱怨老闆的苛刻和吝嗇了。

想要成功，還是一定要成功？如果只是想，那就請繼續想，然後繼續在喋喋不休的抱怨之中一事無成的過完這一輩子！如果是「一定」，就請從現在開始行動！以行動播種，收穫的是習慣；以習慣播種，收穫的是個性；以個性播種，收穫的是命運！

轉念先動心

沃維納格——

「當人們感到自己沒有能力獲得巨大的成功時，他們會鄙視偉大的目標。」

信念2

抱怨的人不是不善良，但常常將人際推於千里之外

你相信什麼，就會得到什麼。如果你覺得日子不夠順心，那麼所有發生的事情都會讓你覺得倒楣透頂；相反地，如果今天你覺得是幸運的一天，那麼今天碰到的人，都可能是你的貴人。

究竟什麼叫好命？

有一位先生搭了一部計程車要到某個地方，上車後，這位先生發現車子不只是外觀光鮮亮麗，就連開車的司機先生也穿得格外整潔，車內的裝飾則更是典雅、溫馨，於是他就在心裡想：「嗯！這應該會是一段很舒服的行程。」果然，車子開動之後，司機先生就熱心地問：「先生，您覺得溫度如何？」在得到答覆之後，又問他要不要聽音樂，還推薦說：「來段爵士樂吧？浪漫的爵士風會讓您感到輕鬆、快樂的！」

過了一會兒，司機先生看到這位先生有些無聊，就把車子靠邊停了下來，去後車箱裡取來了一疊報紙，並對他說：「先生，這裡有今天的早報，您不妨隨便翻閱一下。」又接著說：「還有，看到您左手邊那個小巧的冰箱了吧！裡面放有果汁、可樂，您可以自行取用。」

這些特殊且周到的服務，讓他大吃了一驚，他直起身子望了一眼前面的司機先生，發現司機先生臉上的愉悅表情就像是外面和煦的陽光。

過了一會兒，司機先生像是提建議似的問著：「先生，等一下前面的路段很有可能會堵車，我們是不是要改走別的路？」在回答之後，司機先生又體貼地說道：「我是一個無所不聊的人，如果您想聊天的話，我什麼都可以聊。當然，如果您想休息或者是欣賞沿途風景的話，那我，不打擾您了。」

這位先生終於忍耐不住了，好奇地問司機：「您是從什麼時候開始這種服務方式的呢？」司機先生笑著回答：「從我覺醒的那一刻開始的。」

「以前，我老覺得開計程車沒有意義，也經常對坐車的人抱怨連連，結果把人家惹毛了，往往還沒到目的地就要求下車。於是，我的心情更糟糕，抱怨也就更多了。但是，有一天，我載了一位大學教授，他聽了我的抱怨，非但沒有中途下車，反而笑呵呵地對我說了這樣一段話：『你相信什麼，就會得到什麼。如果你覺得日子不夠順心，那麼所有發生的事情都會讓你覺得倒楣透頂；相反地，如果今天你覺得是幸運的一天，那麼今天碰到的人，都可能是你的貴人。』」

這位先生聽得出神，司機先生過了好一會兒才接著說：「聽了他的話，我開始相信：

『人要快樂，就要停止抱怨。』那一刻起，我開始創造一種新的服務方式，先把我車子的裡裡外外收拾乾淨，再裝上隨車音響和冰箱，然後印了高級的名片。我下定決心，要好好接待每一位乘客。」聽著，這位先生認真地點了點頭。

這時目的地也到了，只見司機先生趕緊下車，先繞過來開了車門，然後拿出一張名片恭敬地遞上來說：「先生，謝謝您搭乘我的車子，希望下次有機會還能為您服務！」

「放心，以後我只會叫您的車子。」

自從這位司機先生改掉了抱怨的毛病之後，他的生意出奇地好，往往是這邊正載著乘客，那邊預約的電話就打過來了。

抱怨的結果非常可怕，因為抱怨者的無能，找到了一個完全站得住腳的理由：「我憑什麼天天奔波？我憑什麼流血流汗？我憑什麼要比別人受更多的氣？」於是就什麼都不做了。說實話，這種態度甚至還不如那些安於現狀的人呢！過著自己平鏞的日子卻也泰然處之，只享受屬於自己的那一份生命果實，這也算得上是一種人生的境界。但抱怨者既不想出力，又不願意眼睜睜看著別人比自己好，於是就開始尋找精神寄託——怨天、怨地、怨別人。

只是，當你為一些芝麻綠豆大的事情抱怨的時候，最後會有什麼樣的結局呢？心理學家告訴我們：「喜歡抱怨的人並不是不善良的人，但他們卻常常不受歡迎。因為他們不懂得抱怨根本就解決不了問題。」

也許，在抱怨的同時，我們能夠換一種心態，試著多從自己身上找一下原因，或者把抱怨別人改變成抱怨自己並改變自己，也許會收到連你自己都難以置信的效果。

很多時候，抱怨的人以為自己經歷了世界上最大的磨難或者委屈，但他們偏偏忘記了聽他抱怨的人也同樣有著類似的經歷，只不過是感受不同罷了，因此一直聽到這樣的話一定會覺得厭煩，又怎麼可能有共鳴呢？不信的話，你可以仔細地觀察看看，那些繃著臉皮、滿腹牢騷的人，肯定是那種「牆上蘆葦，頭重腳輕根底淺；山間竹筍，嘴尖皮厚腹中空」的人，人見人躲。

有人說：「在任何人的一生中，都不可避免地會遭遇一些斷斷續續的挫折，但這些挫折究竟會對你產生什麼樣的影響，其決定權完全在你自己的手中。」在生活困境以及人生的失敗迎面而來的時候，我們不應該被打倒、更不能怨天尤人和自暴自棄，應該努力地創造勝利的條件和積極開拓進取，努力把困境和失敗變為激勵我們前行的燈塔，這樣才能掌握自己的命運，進而活出精彩的自己來！

轉念先動心

傑克．韋爾奇——

「一旦你產生了一個簡單的堅定的想法，只要你不停地重複它，終會使之成為現實。提練、堅持、重複，這是你成功的法寶；持之以恆，最終會達到臨界值。」

信念 3

讓自己從種子蛻變成為金子

能夠決定你是什麼姿態、品格的人，只有你自己。

究竟什麼叫好命？

宋朝著名的禪師大慧門下有一個弟子道謙。

道謙參禪多年，仍不能開悟。一天晚上，道謙向師兄宗元訴說自己不能悟道的苦惱，並求他幫忙。

宗元說：「我很高興能夠幫助你，不過有三件事我無能為力，你必須自己去做！」

道謙忙問是哪三件事。宗元說：「當你肚子餓時，我不能幫你吃飯，你必須自己吃；當你想大小便時，你必須自己解決，我一點兒也幫不上忙；最後，除了你之外，誰也不能馱著你的身子在路上走。」

道謙聽罷，心情豁然開朗，快樂無比。

任何一個人的成長過程，都是一個不斷進行自我構建與自我評價的過程。這個過程，誰也不能夠完全讓別人來包辦或者代替，而必須是獨立地自己從童年到少年再到青年、中年，腳踏實地一路走過來。

不要依靠別人，而要依靠自己。沒有自我的艱苦奮鬥就沒有成功，而依靠他人則永遠不會成就自己的傑出。人生的道路，看起來好像很是曲折，但事實卻並非如此。人如果能夠拋棄怨天尤人的想法，安定自己的內心世界，鍾煉自己，讓自己發光，就能實現從種子到金子的蛻變。

因此，與其抱怨找不到船坐，不如自己修建一座碼頭，到時候何愁沒有船來呢？有一個窮孩子，在上學的路上撿到了一只易開罐。這時候，恰好有一個收破爛的人路過了，窮孩子就做了有生以來的第一筆交易：用易開罐賺了一塊錢。

從此，窮孩子找到了一個賺錢的「門路」，撿破銅爛鐵，拾瓶瓶罐罐。很多時候，窮孩子在撿拾廢品的時候也會聽到許多人的嘲諷和挖苦，但他始終認為真正傻的不是自己，而是那些見到破銅爛鐵和瓶瓶罐罐而不去撿的人。

在從小學到高中的十多年裡，窮孩子一共賣了八千七百四十五公斤的廢紙、四千七百六十二個易開罐、還有數不盡的酒瓶跟包裝袋，非但沒有向家裡要過一分錢，反而因為到處撿拾破爛增加了閱歷，而使自己的成績名列前茅。

考上大學之後，窮孩子重操舊業，不過這一次只做了三個星期，在撿拾一只草坪上的易開罐時，一位站在別墅陽臺上的外商看見了，就說了一句讚許的話，結果驚奇地發現窮孩子竟然能用英語進行對話，於是趕緊把他留了下來。原來，這位外商的夫人正想找一位懂英語的草坪保養員呢！

第二天，窮孩子來了，幫忙修剪草坪、噴灑藥劑，週薪五十美元。後來，在外商夫婦的介紹下，窮孩子又成了另外三戶外商人家的草坪保養員。

就這樣，在大學的四年裡，窮孩子一共賺了四萬美元，於是在畢業的時候申請成立了一家專業的草坪保養公司，除了把業務從外商家庭的草坪延伸到住宅社區的草坪，其經營範圍也從單一的維護發展到兼營肥料、除草劑和除草機械。

如今，那位曾經撿拾易開罐的窮孩子已經成了一位百萬富翁，而在他的辦公桌上，就放著一只用純金做成的易開罐，不是為了顯示自己的財富，而是時刻提醒著自己持續與命運搏擊。

無論做什麼事情，如果想獲得成功，就必須首先實現自己從種子到金子的蛻變，雖然說每一個人的人生旅途不盡相同，但跨越的勇氣與精神以及產生的力量卻好比是一把削鐵如泥的鋒利寶劍，可以斬斷纏繞你的荊棘藤蔓。

當成功地從種子蛻變成為金子之後，你就能如願以償地擁有屬於自己的理想人生。

轉念先動心

烏申斯基——

「如果你能成功地選擇勞動，並把自己的全部精神灌注到它裏面去，那麼幸福就會找到你。」

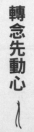

信念 4 浮躁的頭腦，會讓心不停追趕，最終你將感到無比空虛

一個浮躁的人往往樂於自尋煩惱。你可以尋找甜蜜的愛情，你可以尋找美好的生活，但千萬不要自尋煩惱。

究竟什麼叫好命？

一個失意的年輕人，鬱鬱寡歡地來到一座山前，想以死來尋得解脫。

爬到半山腰的時候，年輕人看見一位仙風道骨一般的老和尚，正盤腿靜坐在一塊石頭上，就隨口問了一句：「師傅，您在做什麼呢？」老和尚微微地一笑：「阿彌陀佛，老衲在等待我的心靈呢！」「等待心靈？」看著年輕人一臉疑惑的樣子，老和尚解釋著：「當人走得太急、太快的時候，心靈往往會跟不上的，所以需要不時地停下來等一等。」年輕人頓時大悟了。

為什麼要等待心靈呢？因為，在欲望的引誘與驅使下，兩條腿會盲目地加快速度一路飛奔，也就把心靈遠遠地拋在了後頭，所以需要等待，以讓心靈跟上自己前行的腳步，讓心和自己的軀體同在。

「等待我們的心靈」，就是這樣一句簡簡單單的話語，卻蘊含著一個深刻的道理：人之所以會擔心跟不上前行的腳步，主要是因為我們的心太浮躁了。

什麼叫浮躁？就是好高騖遠、愛走捷徑、耍小聰明、盲目隨從、急功近利。其實，最為直接的解釋應該是不踏實！

為什麼會浮躁？除了性格的原因之外，還跟整個社會的環境與氛圍有著直接的關係。在這個講求速度的時代，機遇與挑戰並存，當想要尋求發展卻發現每件事都有著難以趕上的差距時，就開始變得急功近利，金錢以健康為代價、婚姻以愛情為代價、家庭以真誠為代價，久而久之也就慢慢地促成了心浮氣躁的習氣。

很顯然，心浮氣躁並不可取。一個浮躁的人往往樂於自尋煩惱。你可以尋找甜蜜的愛情，你可以尋找美好的生活，但千萬不要自尋煩惱。因此，有許多事情，還是需要交給我們的心靈，讓心靈去決斷，讓心靈去取捨。這樣才能活得開心、快樂，當然也會變得成熟一些，並由此邁向成功之路。

有一個水管的修理工，生活雖然勉強過得去，但總覺得這份工作與他的理想相差很遠。這一天，他在報紙上看到了外地一家大公司的招聘啟事，就決定過去試一試，希望能夠換一份薪水更高一些的工作。趕過去的時候，恰好也到了下班時間，工作人員只好抱歉地對他說道：「您明天再過來吧！」

吃過晚飯，他獨自坐在旅館的房間裡，不知怎麼的就想起了以往的事。突然，他感到一種莫名的焦躁：「我也不是智力低下的人，為什麼到現在依然一事無成呢？」這樣想著，他就拿出了紙和筆，寫下了四位和自己認識多年、收入比自己高、工作比自己好的朋友名字，然後納悶地盯著：「奇怪，和他們比起來，除了工作不如他們之外，我還有什麼地方不如他們？難道是聰明才智？但平心而論，他們也沒有比我強多少啊！」就這樣，翻來覆去地想了好長一段時間，他終於悟出了問題的癥結所在：「是心浮氣躁。在這個方面，我確實比他們差了一大截。」

有了這個石破天驚的發現，他的頭腦頓時變得清醒起來，覺得自己第一次看清楚自己，也發現過去很多時候不能控制自己的情緒，愛發牢騷、易衝動、好發怒、耍小手段，於是，他痛下決心：「從現在起，我要改掉這個心浮氣躁的臭脾氣！」第二天上午，他滿懷信心地前去面試，結果順利地被錄用了。

在隨後的工作中，他以積極、樂觀、主動、沉穩的姿態與人交往，很快就建立起了很好的名聲，當然也獲得提拔並拿到了更加豐厚的薪水。這個故事告訴我們並非所有的成功都來自於你的天賦、才智或者是人際關係，更為重要的是要善於發現自己身上的缺點與不足，從而改過。只有這樣，才能在事業中不斷地前進，直至實現自己的夢想。

很多時候，人們只知道改善自己所處的環境，卻很少想到去改掉自身的缺點和完備自身的不足，於是他們所處的環境依舊沒有改變。浮躁只會使你繼續給自己製造恐懼和怨氣。其實，除了自己，沒有任何人可以使你心浮氣躁。誠然，生而為人就必須去盡力地追求許多理想，但是也必須要記得「善待自己」，不要讓自己在心浮氣躁中自尋煩惱直至「自食惡果」。

下面有幾點解決心浮氣躁的辦法，提供給你作為參考與借鏡：

・生活的價值可以最高，但也可以是一無是處

你怎樣對待生活，生活就會怎樣回饋你，只有讓內心的自我永不消失，做自己的上帝，而不是聽從命運的主宰，幸福才會永遠伴隨你。

・懂得捨得、放下，生活自然輕鬆自在

你的一切痛苦和煩惱都是由於欲求太高，背負的東西越多，便會覺得越累。如果你不患得患失，捨得放棄，那麼，放下就是快樂。

・看見自己所擁有的，哪怕只有一杯白開水

生活就是端在你手裡的那個碗，幸福就像裝一碗水那麼簡單。如果你想擁有幸福快樂的生活，就要以積極的心態去看待精神與物質的雙重需求，兩者缺一不可。

・除了死亡，沒有什麼好畏懼的

任何煩惱都比不上死更叫人痛苦，因此，世上再沒有比活著更值得慶幸的事情了。只要明白了這個道理，那些所謂的煩惱和擔憂便算不了什麼了。

・學會柔軟、傾聽，暴怒前先深呼吸

生活態度的偏頗，心理上的狹隘，是大多數人暴躁惱怒的原因之一。如果你能夠以慧眼來觀看、以創意的耳朵去傾聽、用彈性的心境去面對的話，你就會享受到生活的另一番樂趣。

・既來之則安之，放寬心即可

人之所以不快樂最普遍的原因是總喜歡按照計畫生活。也就是說，不是在享受人生，而是在等待將來發生的事情。生活就是一連串的問題，如果要快樂就要給心情放個假，沒有壓力的快樂，才是真正的快樂。

・一旦陷入抱怨黑洞，會看不見自己

不快樂的事會影響人的情緒，但是，如果不能正確理解和判斷事物，那對自己造成的傷害才是致命的。所以，最重要的是把煩惱拒之門外，不要讓這種惡性循環來左右你的生活。

・人沒有十全十美，不用自尋煩惱

每個人都有這樣或那樣的缺陷，世界上沒有完美的人。這樣想來，不是為自己開脫，而是使心靈不會被擠壓得支離破碎，永遠保持對生活的美好認識和執著追求。

曾有一句話是這麼說的：「人應當遵從的，不是別人的意見，而是自己的心靈。」

是的，遵從自己的心靈，讓自己的心靈作為自己行事和做人的尺規，讓心靈作為自己生命的方向，才不會愧對自己的心。

轉念先動心

毛佛魯——

「一個人失敗的原因，在於本身性格的缺點，與環境無關。」

信念五

鑽石就在你家後院，命運就在自己手中

看看自己腳下的土地，看看自己掌心的軌跡，每一個地方都是一座豐富的鑽石礦，每一個地方都是一處精彩的人生。

究竟什麼叫好命？

有一個名叫阿里・哈法德的波斯人，住在距離印度河不遠的地方，家裡擁有大片的蘭花花園、稻穀良田和繁盛的園林。

這一天，一位年老的佛教僧侶前來拜訪，閒聊中為阿里・哈法德講述了一個鑽石是如何形成的故事，最後告訴他：「如果一個人擁有滿滿一手的鑽石，那麼他就可以買下整個國家的土地。要是他擁有一座鑽石礦場，那麼他就可以利用這筆巨額財富的影響力，把孩子送上王位。」

言者無心，聽者有意。阿里・哈法德不禁有些心動了。於是，他就拐彎抹角地問在什

麼地方可以找到鑽石。僧侶笑了笑，說：「只要你能在高山之間找到一條河流，而這條河流是流淌在白沙之上的，那麼，你就可以在白沙中找到大量的鑽石。」

就這樣，僧侶前腳剛走，尋寶心切的阿里．哈法德就趕緊賣掉了農場，然後出發去尋找鑽石了。他先是往月亮山區尋找，然後來到巴勒斯坦地區，接著又流浪到了歐洲。最後，阿里．哈法德身上帶的錢全部花光了，衣服又髒又破。在旅途的最後一站，歷經滄桑、痛苦萬分的阿里．哈法德站在西班牙巴賽隆納海灣的岸邊，懷著那位僧侶所激起龐大財富的誘惑，鬱鬱寡歡地跳進了波濤洶湧的大海中。

幾十年後的一天，當阿里．哈法德的後人牽著駱駝在花園裡飲水的時候，突然發現在那淺淺的溪底閃爍著一道奇異的光芒，伸手拾起，是一塊黑石頭，上面有一處閃亮的地方，正散發著彩虹般的美麗色彩。他也沒在意，就順手把這塊怪異的石頭拿進屋裡放在了壁爐的架子上。

事情也是湊巧得很，第二天，一位珠寶商人過來拜訪。當看到架子上的石頭所發出的光芒時，商人立刻去看了一眼，驚奇地叫了起來：「喔！夫哪！這是一顆鑽石呀！」阿里．哈法德的後人也瞪大了眼睛：「鑽石？」

「沒錯。」這位從事珠寶生意的人說：「我只要看一眼，就知道它是不是鑽石。」隨後，兩個人一起奔向了花園，用手捧起河底的白沙，發現了許多比第一顆更漂亮、更有價值的鑽石。

這就是廣為流傳的「鑽石就在你家後院」的故事，也就是印度戈爾康達鑽石礦被發現的經過。這個故事有力地揭示了一個深刻的道理：「你渴望的鑽石並不在遙遠的山脈，也不在偏遠的海洋。只要你辛勤耕作，鑽石就在你家的後院。」

在很多人的思想觀念中，都比較相信「上天眷顧」和「命中註定」的說法，認為無論是成功還是失敗，都是冥冥之中的上天在左右著，從而有意或者無意地在「聽天由命」之中慢慢消磨掉了自己的生命能量。果真如此嗎？

有一個年輕人，慕名來拜訪一位得道的高僧，閒聊中談起了命運，問道：「大師，這個世界上到底有沒有命運？」高僧說：「當然有啊。」年輕人再問：「命運究竟是怎麼一回事？既然命中已經註定，那麼奮鬥又有什麼意義呢？」高僧沒有回答年輕人的問題，而是伸出了自己的一隻手來，先是逐一地點出了掌心中的事業線、愛情線、生命線，然後說道：「來，照著我的樣子做一個動作。」說著，慢慢地彎曲手指握成了一個拳頭。高僧問：「抓緊了沒有？」年輕人說：「抓緊啦。」高僧又問：「生命線在哪兒？」年輕人回答：「在我的手裡呀。」高僧笑了，追問：「那麼，命運在哪兒？」

猶如當頭棒喝，年輕人頓時恍然大悟：「命運在自己的手裡！」高僧又笑了，繼而平靜地說道：「無論別人怎麼說，都一定要記住，命運始終是在自己的手裡。」

這個故事，是職場培訓專家屢屢用來告誡職場人士的事例，有力地揭示了這樣一個深刻的道理：「你自己的命運並不在別人的嘴裡，也不在別人的手裡。只要你伸開手掌，命運就在你的手掌心。」

很多時候，總是聽到有人在抱怨：「為什麼我的運氣就那麼糟呢？看別人的生活，要什麼有什麼，過得多愜意啊！」其實，天上是不會平白無故掉下禮物的，運氣也好機會也罷，其實如影隨形跟著，只是我們無視於它，或者是意識不到它的重要性，因而一個個地忽略掉了，最終只能在那抱怨，然後慢慢地萌生了「上天眷顧」和「命中註定」的錯誤思想觀念。

有位哲人說：「一個人的命運，往往藏在思想裡，躲在行動中。」許多人之所以找尋不到人生各個階段裡的鑽石，並不是因為他們個人條件比別人差多少，而是因為他們沒有要把「土壤」翻開和把「掌心」展開的想法，結果只好在人生的河流裡隨波逐流了。

鑽石就在你家的後院，你仔細看過腳下的土地了嗎？命運就在自己的手中，你認真看過掌心的軌跡了嗎？鑽石不是天上掉下來的禮物，指名道姓地非你莫屬；命運不是別人嘴角邊的說辭，是好是壞地一錘定音。耕耘了腳下的土地，你就有可能發現閃耀著璀璨光芒的鑽石；把握了掌心的命運，你就有可能改變充斥著洶湧激流的人生。

美國文明之父愛默生有句名言：「靠自己成功。」這句話影響了整整一代的美國人，那些原來從英國統治下獨立的殖民地國家的人民，也在典型的美國個人主義影響下，迅速地把這個國家建設成為世界上的超級強國。企業家吉姆・克拉克也曾這樣告誡過年輕人：「不要凡事都依靠別人，在這個世界上，最能讓你依靠的人是你自己。在大多數情況下，能拯救你的人，也只能是你自己。」不要怨天尤人了，看看自己腳下的土地，看看自己掌心的軌跡，每一個地方都是一座豐富的鑽石礦，每一個地方都是一處精彩的人生。

轉念先動心

歌德——

「光有知識是不夠的，還應當運用；光有願望是不夠的，還應當行動。」

信念6

點滴的積累會讓我們看到巨大的力量

小事不願意做，大事做不了；小錢不願賺，大錢賺不來；小節常失誤，大節靠不住。

究竟什麼叫好命？

有一個從鄉下來都市裡打工的年輕人，在一家速食店裡找到了一份送「外賣」的工作。說實話，這份工作的工資並不高，只有區區的五百元，而且還非常辛苦，在尖峰時期，一天得送出七百多份速食。起初的時候，速食店的老闆也認為年輕人會像之前的幾個人一樣做不了幾天就不辭而別，但讓他感到意外的是，一個月過去了，年輕人沒有離開；兩個月過去了，年輕人還是沒有離開；半年過去了，年輕人依舊沒有離開。

有幾個找到了好工作的同伴邀請年輕人過去，沒想到卻被他婉拒了。知道這事的速食店老闆也就更加喜歡這個手腳勤快而且任勞任怨的年輕人了。就這樣，年輕人在速食店裡工作了整整三年。

這一天，忙完工作之後，年輕人向老闆說：「我準備辭職了，但還會再繼續做兩個月，您可以利用這段時間去找一個新的員工。」卻見老闆咧著嘴巴笑開了：「嘿嘿！年輕人，去完成你的大事業吧！我這裡的池子太小了，裝不下你這條大魚呀！」年輕人不好意思地笑了。

半年之後，在距離速食店不遠的一棟辦公大樓裡，年輕人的清潔服務公司開業了，而且生意好得出奇。對此，很多人感到不可思議，一個送外賣的鄉下人，怎麼轉眼間就把一家公司打理得這麼好呢？有喜歡「追根究柢」的人就跑去向年輕人打聽祕訣，卻聽他這樣說道：「其實，為了開這家公司，我足足準備了好幾年，例如結識生意人、學習做生意的技巧和本事、認識和瞭解市場行情。」

有什麼奇怪的呢？年輕人在送「外賣」的幾年裡做的那些點滴小事，恰好就是他成功開辦公司的資本！

在現實生活中，很多人的心裡都有著這樣一個誤解：「貪大捨小」，只想做大事，不想做小事；只想賺大錢，不想賺小錢；只強調大節，不注意小節。這一錯誤帶來的嚴重後果就是：小事不願意做，大事做不了；小錢不願賺，大錢賺不來；小節常失誤，大節靠不住。

由此可見，點滴的小事情雖然不起眼，但卻能產生決定性的作用。對於聰明的人來說，往往喜歡安於做小事，理智地運用自己的時間和精力，從比較容易的地方開始下手，選擇以小事成就大事業，從而達成人生夢想。

先做小事，再做大事，這是成就一番事業所必須遵循的基本原則。只有做好了小事，才能有機會、有能力和有信心去做好大事。正如一位名人曾經說過的：「每一天我們都被召喚去做一些小事。」如果你認為小事可以被忽略，甚至是可以完全不顧的話，那麼最後只會導致你的事業永遠留下遺憾，甚至會帶來不可估量的嚴重損失。

天下所有成功的道理，往往都是簡單得讓人難以置信。在能力所及的範圍內做小事和容易的事，總比在「白日夢」中做大事更有價值。所以，我們應該換一種眼光審視眼前的小事對人生目標有何影響，當發現了它的價值，就要加倍地去重視它，無論事情多麼的微小，都要「集中戰力」去做，而且要做得比別人好。如此，在輕輕鬆鬆做好一件件小事情的同時，我們的事業大廈也已經悄悄地落成了。

從現在起，開始關注身邊的小事吧！即便是最普通的小事情，也應該全力以赴、盡職盡責地去完成。當把一件件小事都做好的時候，你就會發現：其實真正的大事就隱藏在這些微乎其微的小事當中。

很多事情，一個人能做，別的人也能做，但為什麼做出來的效果卻大不相同呢？因為，往往就是一些點滴積累上的功夫，決定著最終完成的品質。

轉念先動心

狄更斯——

「成功好比一張梯子，『機會』是梯子兩側的長柱，『能力』是插在兩個長柱之間的橫木。只有長柱沒有橫木，梯子沒有用處。」

記下你的祕密心法，
將感動珍藏一世——

第08章

練習「不完美」的幸福哲學，正如純白需要顏料來將它變得精彩

人生不需要完美無缺、絕對純淨，因為這樣我們必然會失去一些寶貴的經驗，例如在錯失中懊悔，或在挫折中頑強，然後得以成長；若非如此，我們將只剩下快樂的空虛。

良辰美景、暴風山洪，都是大自然創造的奇蹟禮讚

人生就是充滿缺憾的旅程，如果缺憾不存在，那麼也就無法去衡量完美了。

究竟什麼叫好命？

一個被切掉了一塊的圓環，為了使自己重新完整起來，就到處去尋找遺失的那一塊。

由於不夠完整，圓環滾動得很慢，在這緩慢滾動的途中，它得以欣賞路邊的花兒、和昆蟲聊天、享受陽光。

終於有一天，圓環找到了被切掉的那個小塊，它趕緊把那一小塊裝回去，但是，完整無缺的圓環也因此滾動得快速了起來，以致「抽不出空」來欣賞花兒以及和昆蟲聊天了。

圓環停住了，它思索了一會兒，毅然地把找到的那個小塊扔掉了。

其實，對於每一個人來說，不完美都是客觀存在的，即便是光彩奪目、無可挑剔的名人也毫不例外。

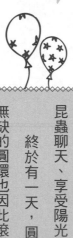

例如大發明家愛迪生，雖然有過一千多項的發明，但在晚年的時候卻固執地反對交流電而主張直流電；例如電影藝術家卓別林，雖然創造了一些生動而且深刻的喜劇形象，但卻不屑甚至是極力反對有聲電影。

在這個世界上，就像大自然既有良辰美景也有暴風山洪一樣，每一個人也是既有著種種愛與善的美德，同時又有著不少恨與惡的劣行的。當你在一味地苛求別人多一點愛與善的時候，有沒有問過自己是否猶如一潭清水一樣只有善意與愛心，而沒有一絲的惡意與忌恨之心呢？正所謂：「自己不夠完美，談什麼要求別人完美？」

其實，強調完美本身就是一個錯誤的命題，如此也就沒有必要繼續「論證下去」了。古人云：「金無足赤，人無完人。」俗話說：「甘瓜苦蒂，物不完美。」可以毫不客氣地說，無論是物還是人，誰都不是十全十美的，因此不必為完美所累。

在《丟失的那一塊》裡，謝爾．希爾弗斯坦講述了這樣一個道理：有智者說道：「人生就是充滿缺憾的旅程。」如果沒有缺憾的話，那麼也就無法去衡量完美了，因此，從這個角度來說，缺憾其實也是一種完美，如果你還在抱怨世界不完美和抱怨他人不厚道，就只能說明你對世界和他人還沒有充分地認識透徹，同時也會比較容易地就把自己逼進了牛角尖而痛苦不堪。

例如你渴望著自己能夠被世界瞭解和被他人寬恕，但是，你卻不相信世界和他人，於是，這種不信任的心情就會在無形中造成你和世界與他人之間的距離。換句話來說，是你先把自己與世界和他人隔絕起來，然後又抱怨世界不瞭解你；是你先對世界和他人表示不信任，處處挖掘世界和他人的缺點，然後又抱怨世界和他人不愛你，這是什麼道理呢？因此，與其用苛求的眼光去看世界和看他人，不如換一種寬大與平和的態度去坦然地接受，這樣你就會覺得每一個日子其實都充滿了燦爛的陽光。

人們對別人的缺點或者過失不肯原諒，很多時候是因為一種求全的心態和對完美的嚮往，把這種求全苛責之心發揚光大一點，也未嘗不可發揮為一種建設性的力量。既然覺得人們有太多缺點是一件讓你痛心疾首的事，那麼你不妨動起手來，去創辦一所頗具規模的學校，進而以教育的力量來教化世界和世人，使大家都儘量學好一點。或者你將來去推廣宗教，以宗教的力量去感化世界和世人，使大家都更善良一點，這就是積極的人生態度了。

問題是：你能挑得起這樣的擔子嗎？

很顯然，你做不到。如此的話，既然無力兼善天下，那麼就獨善其身好了，從自己本身做起，讓自己寬大些、平和些，多存幾分仁慈，少用幾分抱怨，承認自己和世界都是如此不完美，當然就不必為此氣惱。倘若能夠這樣想，至少你自己是得救了。

與其抱怨不完美與有缺憾，不如保持一種恬淡的心情，去輕鬆地看待一切。人的這一生，不過只有短短的幾十年，雖然不可以選擇生命的起點但卻可以掌握生命的走向；雖然無法預知生命的航道是否一帆風順，但卻能夠決定生命之路是充滿陽光還是佈滿陰雲；雖然極有可能要經歷一些或大或小的困難與折磨，但仍有機會欣賞鳥語花香的世界、體味人間苦樂的真諦、領略人間的愛心、善良和同情。如果你已經知道寬容是一種美德的話，那麼就不要再計較別人的短處或者過失了；如果你已經知道豁達一點可以減少一些痛苦的話，那麼就趕緊把眼前瑣碎的得失恩怨放開、看淡吧！

法國大思想家盧梭說：「大自然塑造了我，然後把模子打碎了。」這句話聽起來有些玄妙，但說的卻是實在話：人生的確有許多不完美的地方，每個人也都會有著或多或少的缺憾，因此，既不要怨天尤人，也無需苦悶彷徨，而應該在看到自己的不足之處後，坦然地面對，繼而用善良美化、用知識充實，或用專長發展。

轉念先動心

巴爾扎克——

「人生並非充滿了玫瑰花，倒是有時路上的荊棘刺痛了你。」

信念 2

只要用心，任何事情都可以開花結果

很多時候，從平凡到優秀其實只有一個祕訣，那就是用心一點，再用心一點。只要用心去做，每個人都能成為優秀的人。

究竟什麼叫好命？

在馳名全球的丹佛機械製造公司，就有著這樣一個生動而且鮮明的例子：

十年前，從大學畢業之後，大衛傑佛遜和麥克一起來到丹佛機械製造公司的技術部工作。在工作之中，大衛傑佛遜非常用心地去對待每一件事情和思考每一個技術難題，認真地鍛煉和提升了自己，從而一步步走向了總公司副總裁的位子；而麥克呢！每天只是忙著應付上級交代的事情，從不考慮怎麼樣才能把工作做得更好一些，以及如何去改進工作，結果多年來還是在技術部當一名工人。

在這個世界上，除了極少數的天才之外，絕大多數人的稟賦其實相差無幾。然而，一個讓人跌破眼鏡的事實是，一段時間之後，有的人脫穎而出成為時代的佼佼者，有的人卻碌碌無為成為社會的棄兒。

到底是什麼造成了如此巨大的差距呢？說出來肯定會嚇你一跳的：是否用心！

可以毫不客氣地說，在通往成功的道路上，是否用心往往起著決定性的作用，它可以讓一個毫無背景、普通平凡的人脫穎而出，創造出非凡的業績；也可以讓一個能力過人、才華橫溢的人碌碌無為，淪落為被社會淘汰的對象。

我們可以得到這樣的啟示：很多時候，從平凡到優秀其實只有一個祕訣，那就是——用心一點，再用心一點。只要用心去做，每個人都能成為優秀的人。

用心做事，顧名思義就是動腦筋做事情、用心處理問題，這是最起碼的工作準則與職業道德，它反映的是一個人做事認真負責和一絲不苟的態度，表現一個人的思想境界和精神狀態。

要實現成功目標的唯一方法，就是在做事的時候，抱著非做不可的決心，要抱著追求盡善盡美的態度。看看那些為人類創立新理想、新標準以及有重大發明、為人類創造幸福的人就可以發現，他們都是具有這樣素質的人。而那些無論做什麼事，都只是做到「差不多」就止步，或者甚至就半途而廢的人，首先表明他根本就沒有「用心」做事，更重要的是表明他是一個不負責任的人，他也必將為自己這樣敷衍的行為而付出代價。

想要邁向成功，關鍵在於你對待工作的態度。一樣平凡、枯燥的工作，不一樣的人、不一樣的態度，卻會讓它產生很大的區別。所以，你要考慮的並非工作是什麼，更不要去管你的工作是怎樣的卑微，而是應該思考以什麼樣的態度來面對自己的工作。

把每一件簡單的事做好就是不簡單，把每一件平凡的事做好就是不平凡。

轉念先動心

列夫．托爾斯泰——

「天才的十分之一是靈感，十分之九是血汗。」

不要把生活上的挫折當作論斷自己的依據

生活不可能完美無缺，也正因為有了殘缺，我們才有夢，有希望。

究竟什麼叫好命？

一位事業成功的女士非常喜歡獅子，這位女士時常對人說道：「跟凡事都喜歡追求十全十美的人類相比，獅子簡直是太懂得空白的哲理了，牠簡直就是一位天才的藝術家，甚至可以說是一位睿智的哲學家。」

也許，有人會覺得奇怪：獅子在這位女士的眼中為何如此高尚呢？其實，給這位女士印象最為深刻的，不是獅子如何勇猛地格鬥、如何瘋狂地捕食，反倒是獅子在吃飽喝足之後那副與世無爭、懶洋洋打瞌睡的樣子。

因為，在這樣的情況之下，即使是一隻美味的獵物從獅子的身邊跑過，或者說是「調皮」地抓抓獅子的爪子，牠都不會為之所動。

知道獅子為什麼會如此的無動於衷嗎？假如說獅子會說話，牠應該會打著呵欠吐出這麼一句來：「我已經吃得飽飽的了，不再需要什麼食物了。」

但反過來看我們人類，那就大大的不同了！人類往往喜歡沉迷於自己的貪欲之中而不能自拔，即使是肚子早已經吃得撐不下去了，還總是想再往嘴巴裡面塞進一塊肉，或者是趁著別人不注意的時候，偷偷地拿走更多的食物。

最後的結果，就是我們拿著自己有限的生命與精力，在瘋狂地追逐無限的世界與空間，最終無可奈何地沉淪在通往生命終點的路途中。

在現實生活中，總會有這樣一些人：為了考得一個優秀的成績，不惜挑燈夜戰地埋頭苦讀，直到把身體累得半死；為了謀得一個理想的差事，不惜花錢打點，直到把錢財耗盡；為了尋得一個可靠的靠山，不惜卑躬屈膝，直到把尊嚴丟得滿地都是；為了談得一個豐厚的生意，不惜昧著良心使用小人的招數，直到把人家逼得陷入困境。

有心理學專家曾告誡說：「在人生競技場上，不要總是把第一名當作是最大的光榮。取得第一的人也許是脆弱的，因為享受過眾人之上的滋味後，一旦走下坡，感受到的可能就是悲涼，於是，他必須讓自己永遠向前。可是在生命的每個階段，都有第一名的誘惑在眼前，於是生命就會變成一種勞役。」環顧四周，站在第一名位置上的人，都絕非永遠維持著勝者的姿態，那只不過是短暫一時的風光罷了，更別說想要一生一世的順暢了。時代的風向總是在轉變，那些被吹走的名字，往往正是站在最前面的那些人。

凡事都想爭第一的人，眼裡總是盯著對手，也許，每一個戰役都讓他贏了，但夜深人靜的時候，當看著身上一個又一個的傷口時，頓時也會有觸目驚心之感，更有甚者還會因此讓生命迅速凋零。這又是何苦呢？反倒不如適時地退後一些。要知道，我們每一個人，只不過是在和自己進行賽跑而已，在那條長長的人生道路上，追求「更好」遠遠強過追求「最好」。

知道獅子為什麼進退自如嗎？因為牠們擅於為自己的生命留下一些空白。知道人類為什麼舉步維艱嗎？因為我們喜歡為自己的生命增加過多的包袱。

能不能為自己的生命留下一些空白，往往會造就了兩種迥然不同的生命姿態。因此，如果你想讓自己的生活過得滋潤一點，如果你想得到別人更多的讚美，那麼在你不停追逐著的過程中，就一定要把握住一個「限度」，把驅使自己不斷進步的那一股動力，控制在一個最為剛好的狀態之中。

實際上，我們每一個人無論做什麼事情，都必定有著自己所能夠達到的最高高度，而並非一定要求自己必須超過某人、必須達到某一程度或者某一目標。很多時候，只要盡自己所能，也問心無愧了，那麼最終到底達到什麼樣的高度其實並不重要。誠然，人活在這個世上，必須把自己的奮鬥目標定得高遠一些，但在實際生活中，卻必須能夠及時地瞭解和承認自己的侷限，然後接受自己的這些侷限，從而讓自己更加清醒，以便在突然或者必要的時刻及時地扭舵而行，增強駕馭人生的能力。這樣，便能讓自己在有限的生命中得到更多、更廣的成績，使自己生活得更加充實與飽滿。

生活不可能完美無缺，也正因為有了殘缺，我們才有夢，有希望。當我們為夢想和希望而付出努力時，我們就已經擁有了一個完整的自我，生活不是一場必須拿滿分的考試，生活更像是一個足球賽季，最好的球隊也可能會輸掉其中的幾場比賽，而最差的球隊也有自己最閃亮的時刻。我們的所有努力是為了贏得更多的比賽，當我們能繼續在比賽中前進，並珍惜每場比賽時，我們就贏得了自己的完整。也就是說，我們嚮往完美，但絕不可凡事要求完美，否則就只能是永無止境的修改，而最終也達不到完美的地步。

完美只是一種理想，在人生的旅途上，要學會接受「不完美」。而接受不完美，如同接受不同的色彩，有不同的色彩，才有可能擁有多彩的人生，而且，生活中如果有了幾個不完美的斑點，正是讓人謙卑、同情和珍惜的原因。

轉念先動心

高爾基——

「一個人的價值，全決定於他自己。」

沒有白晝；我們還可以親吻夜色，沒有太陽，我們還可以擁抱星星

面對同一扇開著的窗，你看到的是泥巴還是是星星？

究竟什麼叫好命？

第二次世界大戰期間，一位新婚妻子與沖沖地跟著當軍官的丈夫來到一個靠近沙漠的地方駐防。

很快地，她發現這個地方和她所想像的完全不一樣，這個地方酷熱無比，大風一天到晚吹個不停，而且方圓百里的住戶都是不懂英語的印第安人，彼此之間實在難以交流。就這樣，她的心慢慢地開始陷入陰鬱了。

有一段時間，由於部隊進入沙漠進行演習，沒有了丈夫的撫慰，她愈發地覺得日子寂寞難耐，就找出紙筆寫信向母親訴苦。沒過多久，母親就回信了，但卻只寫了一句意味深長的話：「有兩名囚犯，透過牢房的窗子望向外面，一個看到的是泥巴，一個看到的是星星。」愣了愣，這位寂寞的妻子很快明白了母親的意思，於是就對自己說道：「既然是這樣的話，那我就去尋找星星吧！」

從此之後，她開始走出營房，口手並用地和周圍的印第安人打起了交道，不到十天半月的工夫，印第安人就喜歡上了這位樸實、善良、聰明的女子，當然，她也迷戀上了眼前的這片荒涼之地，以及印第安的文化、歷史和語言。

慢慢地，隨著交往的深入，她發覺這裡竟然充滿了神奇，就更加用心地去探討、研究，最後出人意料地成為一名沙漠專家和印第安文化專家。

在寫給母親的一封信中，她感慨地說道：「母親，感謝您，是您指引著我走進了一片星星的世界，而避免讓我變成一個一事無成的怨婦。」

在現實生活中，我們總會不可避免地失去一些東西，例如親人、友情、愛情、權利、榮譽等，但很多時候，失去的不一定就是憂傷而可能是另外一種幸福；不一定就是損失而可能是另外一種收穫；不一定就是傷感而可能是另外一種快樂。正所謂：「左手失，右手得，永遠平衡。」

很多時候，作為一種理性的高等動物人類，之所以常常遭受著許多莫名其妙的煩惱，其實都是因為追求了太多錯誤的東西而已。如此，與其說是別人讓我們痛苦，不如說是自己的修養不夠，畢竟，別人永遠不可能給我們煩惱，只有我們自己給自己找麻煩。

事實上，對於任何一個人來說，外面都有一個燦爛的星空世界在等著你，如果你能夠微笑著去面對一切，那麼你就能夠發現不愉快的對面、前面、後面、隔壁、上面、下面，幾乎無處不是快樂，只不過需要自己起身走一走、動一動、想一想、換一換而已。如此一來，我們就可以為高興的事情而快樂，也可以為不愉快的事情開懷一笑，一笑泯恩仇，何事不快樂呢？

印度大詩人泰戈爾這樣寫道：「如果你為失去太陽而哭泣，你終將也會失去星星。」而法國大詩人勒內．夏爾也説過：「懂得靜觀大地開花結果的人，絕不會為失去的一切而痛心。」當我們失去太陽的時候，那麼就去熱情地擁抱星星吧！要知道，誰能夠擁有星星，誰就能第一個擁有太陽。

在這裡，有幾個簡單實用的錦囊妙計，可以讓你在第一時間內擁抱星星：

・隨手關上身後的門

英國首相喬治有一個習慣：隨手關上身後的門。有一天，喬治和朋友在院子裡散步，每穿過一扇門，喬治總是隨手把門關上。

「你有必要把這些門關上嗎？」朋友很納悶的問。

卻見喬治笑著回答道：「喔！當然有必要。我這一生都在關我身後的門。你知道，這是必須做的事情。當你關門時，也將過去的一切留在了後面，不管是多麼美好的成就，還是讓人懊惱的失誤，然後你才可以重新開始。」

當你從昨天的風雨裡走過來時，身上難免沾上塵土和霉氣，心中多少留下一些酸楚的記憶，這是不能完全抹掉的。我們需要總結昨天的失誤，但我們不能對過去的失誤和不愉快耿耿於懷，因為如何傷感和悔恨都不能改變過去，也不能使你更聰明、更完美，如果總是背著沉重的懷舊包袱，為逝去的流年傷感不已，那只會白白耗費眼前的大好時光，也就等於放棄了現在和未來。

‧驅除「黑點思維」

有些人，遭受了一次挫折或是失敗，就懷疑自己的能力，在內心深處對自己做出「我不行」、「我不是這塊料」、「我這輩子完了」的結論。碰到一次倒楣的事情，就認為自己是天底下最倒楣的人；出了一次差錯，就認為自己是一個粗心不堪的人，這些都是典型的以偏概全的「黑點思維」。有時候，換一種思維方式，對擺脫暫時的困惑是很有幫助的，例如，當思維走進一個死胡同的時候，不妨換個角度來分析，視野就會豁然開闊，問題也就會在瞬間變得沒那麼嚴重了。

‧壓力太大時要學會彎曲

老子曾經問他的一個學生：「牙齒和舌頭誰硬？」學生說：「牙齒硬。」老子張開嘴讓學生看：「牙齒硬，但是已經一個都不在了，舌頭軟，現在還完好無缺。」老子以此教育學生懂得物極必反的道理，其實就是提醒我們要剛柔並濟，特別是要在巨大的壓力之下學會彎曲。刀再鋒利，如果一碰就斷，那有什麼用呢？

面對壓力，我們不能一味地埋頭往前衝，結果把自己逼到崩潰的邊緣，而應該懂得張弛有度，適當的放慢節奏、合理地授權、對無休止的加班說「不」等。

・思考更多元，心也會變圓

多元化思維並不是要求每個人都去刻意複製別人的成功之路，或者用別人的標準來評價和衡量自己，但它要求我們重視對自己和他人誠信的價值觀，擁有完整、均衡、和諧的人生態度，並能不斷地追尋自己的理想和興趣、不斷地學習和實踐。如果從這些方面嚴格要求自己，讓自己的每一天都能有新的收穫和新的提升，那麼，無論是否取得預期的結果，這種努力本身就是最值得嘉許的成功了。

其實，成功就是按照自己設定的目標，充實地學習、工作和生活，就是始終沿著自己選擇的道路，做一個快樂、永遠追逐興趣並能發掘出自身潛能的人。一旦你確立了成功的思維模式，你就會在追求自己的夢想和興趣的過程中，成為精彩的自己和快樂的自己。

・不以物喜，不以己悲

有一件最基本的事情要記住：當你處於一種狂喜的心情時，千萬不要認為它將會成為你永恆的狀態。要盡可能高興地去享受那個片刻，同時要很清楚地知道，目前它來了，但是它將會走，就好像微風吹進你的屋子，帶著它所有的芬芳和新鮮，然後從另外一個門跑出去。當它們來臨的時候，你要覺得感激；當它們離開的時候，你要心存感謝。

同樣地在痛苦之中，你也要記住，它不會永遠都在，它將會過去，所以不要過分被它所影響，要保持泰然自若。就好像白天和晚上一樣，人生當中一定會有一些喜悅的片刻和悲傷的片刻，你要將它們看成是自然的事情而坦然地接受它們。快樂和痛苦僅僅是暫時的存在，你只是一個觀照者，既不是你在快樂，也不是你在痛苦，快樂來了又去，痛苦來了又去，有一樣東西一直停留在那裡，永遠都在那裡，那就是觀照者。

成為一個觀照者，不要因為任何一個片刻特別美而執著於它，不要因為任何一個片刻特別痛苦而將它推開。這時你將會成為一個超然自在的人，你也將是一個安詳而快樂的人。任憑生活中的煩惱與痛苦鋪天蓋地，但只要面帶微笑地抬頭望去，就一定能夠透過心靈的窗戶看見「星星」在等著我們，因為，只有放得下才可以發現快樂。

轉念先動心

亨利．凡．戴克——

「對生命感到喜悅，因為它給了你去愛的機會，去工作，去玩樂，並且能仰頭看星星的機會。」

信念5

藉由憤世嫉俗來展示自己的人，百分之百不會成功

痛苦往往是可以轉化的，任何的不幸、失敗和損失，說不定在人生的下一個階段就有可能成為對我們有利的因素。

究竟什麼叫好命？

黃美廉是一個因染患腦性麻痺而失去肢體平衡感和說話能力的女孩。站在人前時，總是不規律地揮舞著雙手；仰著頭時，脖子伸得好長好長，與尖尖的下巴扯成一條直線；張著嘴巴時，眼睛眯成一條線；偶然口中也會咿咿唔唔的，不知道在說些什麼。

還很幼小的時候，黃美廉就生活在諸多肢體不便以及眾多異樣的眼光中，至於成長更是充滿了血淚。然而，黃美廉並沒有讓這些外在的痛苦擊敗她內在奮鬥的精神，她昂首面對，迎向一切的不可能，終於獲得了加州大學藝術博士學位，並用她的手當畫筆，以色彩告訴世人「寰宇之力與美」，並且燦爛地「活出生命的色彩」。

在一次演講上，一個中學生對她發出驚人的提問：「請問，妳從小就長這個樣子，妳怎麼看待妳自己？妳難道從來沒有怨恨過嗎？」

就在大家都暗暗地責怪這個學生的時候，卻見黃美廉用粉筆在黑板上重重的寫下這個問題，她寫字時用力極猛，有力透紙背的氣勢，寫完這個問題，她停下筆來，歪著頭，回頭看著發問的同學，然後嫣然一笑，又回過頭去繼續在黑板上龍飛鳳舞的寫了起來：「一、我好可愛；二、我的腿很長很美；三、爸爸媽媽非常愛我；四、我會畫畫；五、我有一隻可愛的貓；六、……。」

末了，黃美廉以一句話作出了結論：「我只看我所擁有的，不看我所沒有的！」

這裡還有另一則小故事：

在社會上「廝混」了兩年之後，年輕氣盛的明濤遇到了很多問題，看著身邊的同事們整天一副無所事事的樣子，他的心裡就特別地反感，於是少不了對他們一番說教；看著單位裡升遷規則與薪酬制度，他的心裡就特別地鬱悶，於是少不了對制度一陣痛批；看著聚會的時候朋友們都挑選比較高檔的餐廳或者酒吧，他的心裡就特別地惱火，於是少不了對此冷嘲熱諷。

就這樣，一天到晚，明濤就好像隨時都在和什麼人鬥氣一樣，總是氣鼓鼓的。

慢慢地，看著身邊的人一個個有意無意地躲避著自己，明濤開始納悶起來：「難道說，我真的有什麼心理問題嗎？」其實，在現實生活中，像明濤這樣的人並不只有一個，而是有很多個，這些人的心理也確實有問題，問題就是：憤世嫉俗。

何謂「憤世嫉俗」？按照字典的解釋，即是「有正義感的人，對黑暗的現實社會和不合理的習俗表示不滿、抗議乃至憤恨、憎惡」。不過，這是傳統的意思，隨著時代的進步與社會的發展，如今的「憤世嫉俗」多少有些變調了，變成「凡事覺得只有自己正確而別人都是錯誤的，因而對於和他人之間的社交活動顯得不耐煩和排斥」；或者是「覺得社會沒有滿足自己的要求而善待了別人，因而看什麼都不順眼而不停地發牢騷。」

客觀地說，對生活中存在的複雜現象感到困惑，或者苦惱的時候產生一些憤世嫉俗的心理，這是正常的。但如果憤世嫉俗過了頭，就萬萬不可取了。心理學家曾說過：「一個樂觀的人，因為常常使用正向思考的神經系統，所以經常會分泌讓細胞健康的神經化學物質，因此比較不容易生病；相反的，一個悲觀而憤世嫉俗的人，他的神經系統不但會讓他總是使用負向思考的神經而變得越來越悲觀，而且在憤憤不平的時候，神經細胞會不斷地分泌出讓細胞凋亡的神經化學物質，所以，當人長期處於憤世嫉俗的狀態時，可說是在慢性自殺。」

或許，你會不以為然的說：「這是在危言聳聽吧！」當然不是，且道理很簡單，憤世嫉俗會變成這個世界的災難，是因為它不但讓自己不愉快，而且也會讓周圍的人也不愉快。看一下那些憤世嫉俗的人就可以發現，他們總是看不起周圍的人和事，而自己卻又沒有能力去改變現狀，於是，在不能改變現狀的情況下，讓自己舒服的辦法就是改變自己去適應這個世界，然而他們又不能改變自己，結果只好找一些方法讓自己和別人都不愉快了。

就是這樣，憤世嫉俗並不能解決問題，而且還會蒙蔽你的雙眼，使你看不到身邊那些美麗的事物，你也會因此而錯過快樂的事情，對於這種心理，自我調適的關鍵就是：客觀正視現實，全面接受自己。

有智慧之語曰：「只有欣賞自己，才會尋找到自己的方向。」在這個世界上，每個人都有著不同的「缺陷」，並非只有你是最不幸的，所以無須憤世嫉俗，只要正視現實和接受自己就夠了。當你開始客觀正視現實和全面接受自己的時候，往往會出現一些你想像不到的奇蹟來。因為，伴隨著消極的一面，你會開始注意或者是留心到自己積極的一面，包括你的身上已經極為出色、你也許從未認為自己所具有的，或者是還沒有完全發掘出來的諸多面向。於是，就在你開始注意或者留心自己積極方面的時候，慢慢地也就培養或者表現出了對這些方面極大的興趣，進而指引著你在這些感興趣的方面著手做出一些事情，最後取得讓你自己也難以置信的成績來。

不要說：「這個世界紛亂無序。」而要說：「我要先把自己家裡整頓好。」不要說：「只要吞下一口毒藥，就可以獲得解脫。」而要說：「我將借助自己的力量度過難關。」世上的任何事物都是多面的，不要為了看到讓人痛苦的一面就怨天尤人，殊不知，痛苦往往是可以轉化的，任何的不幸、失敗和損失，說不定在人生的下一個階段就有可能成為對我們有利的因素。

轉念先動心

茅盾——

「命運，不過是失敗者無聊的自慰，不過是懦怯者的解嘲。人們的前途只能靠自己的意志、自己的努力來決定。」

信念6 人生不必全然純淨，試著容納一些雜質，像白紙需要畫筆來璀璨

在雜質中，潛匿著深刻的美，就像平靜的湖水裡養不了鮮活的魚。

究竟什麼叫好命？

日本新力公司的科學研究專家江崎博士就是其中的一位，他和助手黑田百合子對鍺進行了無數次的提煉試驗，但最後都不可避免地引進了或多或少的雜質。

就在江崎博士一籌莫展的時候，有一天他突發奇想：「既然對鍺絕對提煉是不可能的，那麼能否反其道而行之，試著給鍺加進去一點點的雜質呢？」

可想而知，當江崎博士把自己的這個想法告訴眾人的時候，立刻就遭到了大家的一致反對和嘲笑，更有甚者竟然公然叫囂：「如果你想透過加進去雜質來對鍺提煉，除非地球會倒過來轉。」

不過，江崎博士對眾人的反應絲毫不在乎，堅決地帶著助手進行自己的試驗。終於有一天，奇蹟出現了：江崎博士將鍺加進雜質進行提煉獲得了成功，於是一種極為優異的電晶體很快地在他的手中誕生了。

江崎博士也因此獲得了諾貝爾物理學獎。

如果說，某些雜質是組成美好的要素，你會有什麼樣的想法？

在科學家發現將鍺提煉可製成極為優異的電晶體之後，就開始有人爭先恐後地嘗試將鍺中所有的雜質去掉，使其純度達到百分之百，但奇怪的是竟然沒有一個成功的。

不獨是對鍺添加雜質可以進行提煉，想想我們的人生不也正是如此嗎？可以肯定地說，極為理想、極為完美的生活本來就不存在，如果還想去試圖把人生絕對提煉的話自然也就是不可能的了。如此，既然絕對提煉做不到，倒不妨試著去容納一些雜質，把期望值降低到一個適當的座標，這個時候你會發現，以往苦苦追尋的極為理想、極為純情、極為美好的生活，根本就是一片海市蜃樓，而好多漂浮在身邊的雜質，竟然是使自己可以輕鬆愜意生活的重要組成元素。

就像平靜的湖水裡養不了鮮活的魚一樣，豐富多彩的世界也並不是由單一的物質組成的。平靜的湖水，唯有投入一顆石子，才會有生動的漣漪；蔚藍的天空，唯有飛行一行大雁，才會有深邃的意境；沉寂的村莊，唯有冒起一縷炊煙，才會有詩意的韻味；荒蕪的大地，唯有盛開一叢野花，才會有生命的脈動。

投射到人生的旅程中，災難是平安的雜質，可是誰能找到一生的平安？痛苦是快樂的雜質，可是誰能找到永遠的快樂呢？背叛是忠誠的雜質，你怎能得到生死不離的保證呢？冷淡是熱情的雜質，你哪能左右四季炎涼的季節呢？不要用至親至愛來要求親人，親人之間也會萌生世俗塵埃；不要用至純至潔來要求朋友，朋友之間也會有功利色彩；不要用真情真愛來要求伴侶，伴侶之間也會拌嘴吵架；不要用最甜最美來要求生活，酸甜苦辣才能組合人生百味。

正是這些形形色色的「雜質」，才能構成五彩繽紛的世界，才能組成多姿多彩的生活。如果你非要將友情提煉至崇高，如果你非要將親情提煉成真愛，如果你非要將愛情提煉至完美，那麼，你苦心所求的結果，就和科學家將鍺提煉至百分之百的純粹一樣，即便是耗盡了全部的心血和投入了畢生的精力，但最終仍舊無法達到目的。

常言道：「吃五穀雜糧，才健康長生。」吃了黃蓮，才知道甘蔗更甜；受了風霜，才覺得陽光更暖；經歷了貧寒，才感到生活更美好；遭遇了挫折，才感到人生更充實！

在人生當中，唯有一點點苦加上一點點甜、一點點好加上一點點壞、一點點希望加上一點點無奈，生活才顯得更加生動、更加美滿、更加韻味悠長。如果至真至純的友誼你苦尋不到，那麼，試著容納一些雜質，你會發現原來無處可覓的友誼，如今已是遍佈天下；如果十全十美的愛情你苦尋不到，那麼試著容納一些雜質，你會發現原來無枝可棲的感情，如今已是處處芳草。知道嗎？很多時候就是一次小小的忍讓、一次隨手的幫助、一聲真誠的問候、一點善意的微笑，甚至是一次耐心的傾聽，都可能讓我們內心有所觸動，聆聽到自然的聲音，從而將我們躍升到更高的境界。

古人云：「水至清則無魚，人至察則無徒。」其意思就是說太乾淨、太清純的水難以養魚；太聰明、太精明的人難以相處。別再為提煉人生而手忙腳亂了，試著給人生添加一些雜質吧！相信這些雜質一定會讓你感受到人生的美好，正所謂：「在雜質中，潛匿著深刻的美！」

轉念先動心

羅丹——

「美是到處都有的，只有真誠和富有感情的人才能發現它。」

記下你的祕密心法，
將感動珍藏一世——

第09章

創造一個好命的回圈，旋轉的力量會影響他人，於是你可以創造自己周圍的四季

「幸運」和「宿命」是死對頭，所以它絕不會去擁抱懶惰、懦弱又滿口宿命的人。

信念1

不要在錯誤的地方尋找正確的答案

一味努力不如有效努力，有效努力不如正確努力。

究竟什麼叫好命？

有一隻猴子，跑到一家書店的門口，大喊著說：「喂！老闆，有沒有賣香蕉呀？」書店的老闆大笑說：「我這裡是書店，沒有賣香蕉啊！」猴子「喔！」了一聲，跑走了。

第二天，猴子又跑到書店的門口，大喊著說：「喂！老闆，有沒有賣香蕉呀？」書店的老闆趕緊跑出來笑嘻嘻地說：「不是跟你說過了嗎？我這裡是書店，沒有賣香蕉，你怎麼還來？」猴子又「喔！」了一聲，跑走了。

第三天，猴子又跑到書店的門口，大喊著說：「喂！老闆，有沒有賣香蕉呀？」這一回，書店的老闆有些生氣了，「走開！」他開門衝出來大吼：「已經告訴過你這裡沒有賣香蕉，還跑到這裡來問什麼？故意搗蛋是不是？你再來的話，我就剪掉你的尾巴！」

猴子嚇了一跳，趕緊逃走了。第四天，猴子又跑到書店的門口處，大喊著說：「喂！老闆，有沒有賣剪刀呀？」愣了愣，書店的老闆納悶地走了出來，說：「我這裡怎麼會賣剪刀？」「喔！」猴子聽了，繼續問道：「那麼，你有沒有賣香蕉呀？」一聽這話，書店的老闆立刻變了臉色，抄起門口的一張凳子狠狠地砸了過去。猴子尖叫著逃開，從此以後再也不敢來書店裡買香蕉了。

這個小故事揭示出了一個深刻的道理：不要在錯誤的地方尋找正確的答案。

其實現實生活中，很多人跟這隻猴子非常相似，想做一份自己有興趣的工作，卻在完全提不起勁的地方苦苦煎熬。如此一來，就很難正確而且快速地尋找到正確的答案，自然而然地，也就在通往成功的道路上給自己豎立起了一層又一層的障礙。

相信有人會納悶，為什麼人們總習慣在錯誤的地方尋找正確的答案呢？只有一個原因：認為堅持就是勝利。於是什麼事情做了就做了，什麼事情錯了就錯了，而就是渾渾噩噩的「在錯誤的地方尋找正確的答案」之中，人生白白地消耗掉了。也許有人會說：「我還有衝勁和夢想呢！」但你其實可以發現，那早已經是過去很久的事情了。

如今的你，在美其名曰「堅持就是勝利」的鼓動下，其實早已經在按部就班的忙碌，和越來越重的生活負擔之中壓抑，甚至是消磨掉了最初的心志，最後也徹底變成了「想駕著馬車去南方，卻一直往北方走」的人了。

也正是如此，聰明的人提醒我們說：「一味努力不如有效努力，有效努力不如正確努力。」人生很多時候只能走其中的一條路，因為其他的道路幾乎都是不適合的，如果我們執著地往下走的話，就會讓自己迷失而無法到達成功的道路。所以說，不要在不該停留的地方停留太久，更不要在錯誤的地方尋找正確的答案。

不要老是抱怨自己的生活不夠順心，不要老是埋怨自己的工作不如意，把握好自己心中的「方向盤」，當發現自己正飛馳在「從錯誤的地方尋找正確的答案」的路途中時，一定要堅決而且果斷地「踩下剎車」，然後回過頭來重新尋找一條未必是最好，但卻是比較正確的新的道路，或許，這條路上沒有山珍海味和綾羅綢緞，但只要有青山綠水以及粗茶淡飯，就足以保證我們成為這個世界上最富有、最快樂、最幸福的人。

一八四五年，二十八歲的梭羅撇開金錢和名譽的羈絆，來到瓦爾登湖，親手在湖畔建起一個小木屋，並且自耕自食，過起了現代人的隱居生活。瓦爾登湖畔的生活，讓梭羅遠離了世俗的虛偽和險惡，找到了一種與自己性格、氣質相吻合的生活方式，即精神層面上的孤獨、嚴謹、節儉、求知和自然的趣味。

明朝萬曆年間，張居正任宰相的時候，朝中大臣皆進言重新起用海瑞為官。按理說，像海瑞這樣清譽很高的人才，應該是要加以重用的，但張居正力排眾議沒有起用海瑞的理由是，海瑞是一個很好的人，做人沒話說，道德感、自律性也都很強，但好人不一定是好官。好官的標準是上讓朝廷放心、下讓蒼生有福。海瑞做官有原則，但沒有器量；有操守，但缺乏靈活，因此有政德而無政績。後來，歷史也證明張居正是正確的。這就是因為張居正對自己所要走的「路」有一個清楚的、客觀的認識，是權衡利弊之後的正確決定。

詩人但丁說過這樣一句話：「走自己的路，別理會別人怎麼說吧！」既然是走路，你必須找一條正確的路來走，既要有「清晰的方向」也要有「明媚的陽光」，而不要在錯誤的路上苦苦地掙扎。

轉念先動心

佛蘭克林——

「我未曾見過一個早起勤奮謹慎誠實的人抱怨命運不好；良好的品格，優良的習慣，堅強的意志，是不會被假設所謂的命運擊敗的。」

信念 2

不要在逝去的輝煌裡強化現在的失落

人的昨日已經死了，我們可以緬懷它，但不要留戀它，因為在今日，我們有更重要的事要做。

究竟什麼叫好命？

一九六七年，一群研究人員提出了一項新的發明——石英錶，想在手錶王國瑞士推行，卻遭到了瑞士廠商的嘲笑與拒絕，在他們看來，自己「昨日」的手錶十分看好，而像石英錶這樣沒有滾珠、沒有齒輪、沒有發條的東西，根本不能稱之為手錶。

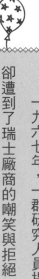

沒辦法了，研究人員只好把石英錶拿到了博覽會上參加展覽。很快，一位在博覽會上到處瀏覽的日本商人看中了石英錶，就趕緊回國開始大批量產。於是，沒過多久，石英錶就因為物美價廉而贏得了世人的青睞，迅即熱銷全球。

遺憾的是，瑞士手錶廠商非但沒有奮起直追，反而繼續沉浸在自己「昨日」手錶的輝煌中，等到日本一夜之間奪走了大半的市場佔有率之後，這才如夢初醒。

可想而知，在已經佔據了世界手錶市場統治地位的日本面前，瑞士廠商的「反攻」是多麼的柔弱無力，此後，就開始有了瑞士手錶廠商這樣的慨嘆：「想當初，我們的手錶一家獨大；如今，我們的手錶舉步維艱！」就這樣，越是念想過去的「輝煌」越是感覺當下的「失落」，瑞士的手錶也就慢慢地失去了光輝。

其實，在現實生活中，喜歡沉迷於已經是塵煙往事的回憶中，而怨嘆當下生活單調無味的人比比皆是，例如：一位七十多歲的老伯，當抓隻雞累得氣喘吁吁的時候，就不由自主地懷念起自己當年身背二百斤白米也不覺得疲累的歲月；即便是著名演員凱特溫絲蕾，當皺紋爬滿了全臉的時候，也會不由自主地懷念起自己當年在《鐵達尼號》中的風采。像這樣，「在逝去的輝煌裡強化現在的失落」，能活得輕鬆愜意嗎？

常言道：「莫在過去的輝煌裡長睡不醒。」不可否認，站在充滿鮮花和掌聲的舞臺上，那是值得你驕傲的。然而，對於現在來說，那畢竟已成為過去式了，別人不會忘記你過去的風光，你也不要把曾經的輝煌當作永遠的成功和永遠驕傲的資本，而躺在那溫暖的讚揚聲裡長睡不醒！倘若果真如此的話，輕者你會從此故步自封、止步不前；重者，當你發現光采不再的話，就會對眼前的一切視若無睹或哀怨惆悵，如此也就難以得到快樂了。有好多人就是因為總是在逝去的輝煌裡強化現在的失落而導致了心理的扭曲、精神的崩潰和生活的突變、人生的沒落。

為了使你儘快地擺脫因過去的輝煌而產生的失落，我們特地從心理學的角度總結歸納了幾點非常實用的特效藥，希望可以對你繼續保持真正的自我有所幫助：

・平淡中隱藏著偉大

首先，不要對平凡生活心存排斥。有道是：「人外有人，天外有天。」無論是誰，都不可能一直處於巔峰狀態，生活也不可能永遠充滿詩情畫意，而是「月有陰晴圓缺，人有悲歡離合」。如果對平凡的生活狀態總是心存排斥之意，那麼你的心境也就會隨著生活場景的變化而大起大落，實屬人生之下下策也。

・享受當下，把握所擁有的

其次，享受不同生活狀態的不同樂趣。生而為人，唯有既能在激蕩人心的輝煌峰頂體驗著激情的熱烈奔放，也能在平淡如水的普通生活享受著日子的悠然自得；唯有能吃得了山珍海味，也能嚥得下粗茶淡飯；唯有既能穿得起綾羅綢緞，也能披得了麻衣線布，才能在生活場景發生較大的轉變時，例如由順境跌入逆境的時候，避免心理上產生巨大的失落感和消極的情緒，從而平和地過好人生當中的每一天。

・越危急時越淡定，思慮才能越清楚

最後，經常用理智控制住情緒。當處在讓自己快樂興奮的生活環境中時，應保持適度的冷靜和清醒，懂得居安思危；而當自己轉入情緒的低谷時，把注意力轉移到一些能平和自己心境，或者振奮自己精神的事情當中去，這樣才不會「觸景生情」，讓自己無法自拔。

在過去的輝煌裡強化現在的失落，不但是愚蠢的表現而且是無知的做法，希望你不要流於世俗，只惦念著昔日的輝煌，而要做真正的智者，走好現在以及將來的人生道路。

轉念先動心

西塞羅——

「人生的跑道是固定的。大自然只給人一條路線，而這條路線也只能夠跑一次。人生的各個階段，都各自分配了適當特質：童年的軟弱，青春期的魯莽，中年的嚴肅，老人的閱歷，都各結出自然的果實，須在它當令的時候予以儲存。每個階段都有值得人們享受愛好的事物。」

信念3

穿上合適自己的鞋子，才能跑得更快更遠

不要為了事情表面的風采而忽略了其中的內涵，因為是要持續一生的追求，適合自己的當然才是最好的。

究竟什麼叫好命？

有兩個大學畢業生，一個叫致遠，一個叫逸辰，一起到一家實力雄厚的設計公司應聘，但最終因為資歷淺薄而落選了。

值得慶幸的是，兩個人很快就成功地應聘進了另外一家設計公司，只是在規模和名氣方面都沒有之前的那家好。

等到正式上班之後，致遠和逸辰就驚喜地發現，這家公司雖然很小，但工作環境卻很好。例如：同事們個個熱情淳樸，只要工作中遇到了什麼事情，都會盡心盡力地幫忙。而老闆更是待人和氣，不但不會對下屬的設計工作橫加指責，而且即便是有了不同的意見和

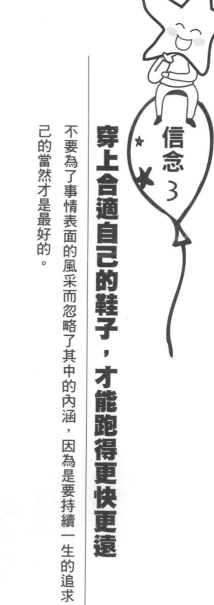

建議也總是非常委婉地提出來，然後一起商量、解決。

在這樣一個輕鬆自由的環境中，致遠和逸辰可謂遊刃有餘，僅僅用了半年多的時間，兩個人的才華就顯露了出來，而且不少設計作品還得到了同行的肯定。人一出名，好事就來了，有一些大公司悄悄地過來「挖角」，這其中就包括當初淘汰他們的那家實力雄厚的公司。

俗話說：「人往高處走，水往低處流。」在豐厚薪水的誘惑之下，致遠不禁有些動心了，想著在一家大公司也許能得到更好的發展，當然也更容易取得好的成績，於是就跳槽了。只是，逸辰不為所動，仍然留在小公司裡，因為他始終覺得只有這裡才最適合自己。

到了那家大公司之後，致遠很長一段時間都極不適應。為什麼呢？因為這裡的同事都是經過嚴格挑選的高手，既有資歷又有經驗，個個心高氣傲又極難相處。同時，上司還是一個嚴肅又挑剔的人，當致遠的工作出現失誤的時，他總是當眾指責，絲毫不顧他的面子。有時候，致遠提出見解，結果話還沒說完就被不耐煩地打斷了，為此，致遠感到非常的尷尬和鬱悶。

就這樣，整天待在一個沉悶的工作環境中，致遠很大一部分的精力都用在了琢磨上司及同事的人際關係上，自然而然地投入到工作中的精力也就少了許多，所以過了好長一段時間在工作中都沒有太大的表現。

而逸辰卻出人意料地取得了一系列傲人的成績，而且還有好幾個設計作品獲得了大獎的肯定呢！

說出來你可能會不大相信，在現實生活中，偏偏就有一些人「不根據自己的腳去選擇自己的鞋子」。其實，這是在告訴我們一個簡單而明瞭的道理：「只有適合自己的，才是最好的。」倘若你是一個身材魁梧的人，但卻非要選擇一件小號的襯衫，豈不是讓人感覺滑稽可笑嗎？如果你是一個普通平凡的人，為何非要故作高雅而表現虛假的品味呢？這個世界上好東西實在是太多了，但並不是所有的好東西都是適合自己的。就像是一雙好鞋子，雖然它很漂亮、很精美，但尺碼和你的腳相去甚遠，那麼買了也沒有用，因為你根本就穿不了，即便是擁有了也是沒有意義的。因此，一雙好鞋的好處在於是否合腳，而不在於它的大小。同樣的道理，一份好工作關鍵在於是否適合自己，而並非其他外在的條件。

曾有人說：「一雙鞋子，合腳最重要；一生追求，適合自己的才是最好。」很多時候，事業成功和人生幸福的機緣就是這麼簡單，穿一雙合腳的鞋子，走一趟合適的道路。假如穿上了一雙不合適的鞋子，即使它再怎麼昂貴精美，走起路來同樣令人痛苦萬分。只有擁有一雙合腳鞋子的人，跑起來才會比別人更快、更遠。也許，在某些時候，我們會選擇一些原本不適合自己的道路行走，同樣能夠到達勝利的終點，但要知道那樣卻不一定可以讓自己走得更平穩、舒適。

在成長的過程中，每個人都會遇到很多雙在等著他們去選擇的鞋子，只有清楚地認識了自己，穿上自己最合適的鞋子，才能在奔向成功的跑道上奪得冠軍！而有什麼樣的興趣、愛好，選擇什麼樣的工作，在某種意義上來說，正如同人們如何為自己的腳選擇適合的鞋子。儘管腳型各有不同，偏好也不盡一致，但每一個人都只有認真思考和選擇適當的鞋樣、買到合適的鞋子，在合適的場合以舒適的方式穿上它，才能讓自己的步履輕盈而穩健，才能使自己腳下的路走得更加長遠。在這裡簡單說明一下如何選擇合適的「鞋子」：

首先，尋找適合的鞋樣。也就是說，你需要問自己：「我有什麼專長？」這個問題看似簡單，但卻是選擇鞋子的關鍵。換句話說，你在進行職業定位的過程中，需要一個什麼樣的中心思想，用這個中心思想來量身打造適當的鞋子。

其次，製造合腳的鞋子。也就是說，你需要問自己：「從我的專長能夠做哪些工作？」很多人之所以屢屢在工作中不得志，其根本原因就在於缺乏正確且明晰的全面、完整、系統的認識和尋找，如此也就很難製造出一雙尺碼匹配的鞋子。

最後，為行千里穿好鞋。在弄清楚了鞋樣和學會造鞋之後，那麼如何穿鞋也就成為一個重要的步驟了。你的職業或者說是人生定位，就如同為你的腳訂做的一雙鞋子一樣，要選擇最合腳的，穿別人的鞋子，你同樣不會有舒服的感覺。穿上了適合你的鞋子再跑，有了自己的職業或者人生定位再行動，這樣你才不會在自己的職業生涯規劃道路上偏離了軌道。

轉念先動心

李大釗——

「我們應該順應自然，立在真實上，求得人生的光明，不可陷入勉強、虛偽的境界，把真正人生都歸幻滅。」

信念4

老天絕對公平，在這裡欠你了，絕對會在別的地方補回來

其實，老天對待人們是非常公平的：你付出了勞動，就會得到收穫；你待人寬厚，就會被人寬容；你性情懶散，就會一無所成。

究竟什麼叫好命？

歐洲有一位年僅三十就已經譽滿全國的著名女歌唱家，有如意郎君相伴左右，幸福美滿到讓所有人都羨慕不已。

有一次，她到一個城市去開演唱會，入場券早早地便被搶購一空，當晚，音樂會非常成功，她受到了觀眾們熱烈的歡迎。就在她和丈夫以及兒子從劇場裡出來的時候，一下子被外面的觀眾給團團圍住了，有的要求簽名，有的要求合影，於是她就聽到了許多充滿了羨慕的話語，有的人羨慕她鴻運當頭，有的人羨慕她家庭幸福，有的人羨慕她腰纏萬貫，有的人羨慕她丈夫有為，有的人羨慕她兒子可愛。

在大家都說完了之後，她才慢慢地開口：「我首先要感謝大家對我和我家人的讚美，我希望在這些方面也能夠和大家一樣快樂。但是，大家看到的只是表象，我要告訴大家非常不幸的另一面是，大家認為活潑可愛、臉上總是帶著微笑的這個孩子，就是他，我的這個兒子，其實是個啞吧，而且他還有一個患有精神分裂症的姐姐。」

頓時，大家十分震驚，似乎很難接受這樣的事實。笑了笑，她繼續用一副心平氣和的語氣對大家說道：「這一切都說明了一個極為簡單的道理，上帝是絕對公平的，既不會給誰太多，也不會給誰太少。」咀嚼著她的話，大家「嘩！」地鼓起掌來。

在現實生活中，許多煩惱幾乎都源自於我們感到的「不公平」。

看著別人辦什麼事情總是要風有風、要雨有雨，再看著自己不論做什麼事都是前途多難，似乎不見天日，於是公司裡、家裡、地鐵裡、餐廳裡等凡是有人聚在一起的地方，就會有不絕於耳的抱怨聲：「我認認真真地看書學習還沒考過，他上考場前只翻了幾頁書卻考過了，老天不公平啊！」「這是怎麼回事啊？他考核過了，我卻沒過，太不公平了！」「有沒有搞錯，我對公司的貢獻遠遠比他多，為什麼只拿了這麼一點點獎金？不公平！」

就這樣，在愈來愈覺得不公平的抱怨聲中，心頭的煩惱也隨之像雨後的野草一般瘋狂地飆長著，從而搞得我們天天不得安寧。

在搖頭喟嘆之餘，也不由得心生疑竇了，難道生活當真就難以「平衡」嗎？其實不然，在心理專家看來，許多事情的不公平，其實完全來自於一個人的觀念。誠然，當你心情愉悅的時候，看什麼都是美好的；當你心情鬱悶的時候，看什麼都是陰暗的。由此推論，如果大腦中的觀念轉變了，你就會豁然開朗，自然不會再認為事情是不公平的了。

不妨舉一個買彩券和發獎金的例子來檢驗一下你的「第一反應」。先說彩券，如果你買了很多彩券，卻一個小獎也沒有中；某人只是偶爾買了一張彩券，就中了頭獎。這個時候，你會覺得不公平嗎？顯然不會的。在羨慕之餘，你只會覺得自己的運氣沒有人家好而已：「老天爺把頭獎給他，我也沒辦法，誰叫人家運氣比較好呢？」再說獎金，如果你忙碌了一個月，老闆發了一千元獎金；某人忙碌了一個月，老闆發了一千五百元獎金。這個時候，你會覺得不公平嗎？當然，你一定會怒氣衝衝地向老闆質問：「我們付出的時間明明就一樣，為什麼我拿到的獎金卻比他少？太偏心了吧！」如此，問題立刻就出現了：你買的彩券多卻一點也沒有收穫，人家買的彩券少就中大獎，你為什麼沒有覺得不公平？顯然，獲得大獎的並不是買最多彩券的人，只是看上天的決定而已。同樣，在你的同事裡拿較多獎金的人也不一定就是付出最多的人，但為什麼你就強烈地覺得不公平呢？都是你的心態使然。由此可知，別再抱怨不公平了，都是你的心態在搞怪而已。有一句話是這麼說的：「流自己的汗，吃自己的飯，由別人去看。」無論是社會還是生活，其實都沒有什麼公平與不公平，關鍵是你的心態，看你自己想要什麼。

西方有句口頭禪：「上帝是絕對公平的。」上帝對每個人都是一樣的，你所失去的東西會以另外一種方式補償給你。

對於任何一個人來說，生命都是一個非常美妙的過程。在這個過程中，既有得失榮辱也有悲歡離合，得到的同時也在失去，播種的同時也在收穫，上天其實是很公平的。只不過，很多時候我們尚未領悟透徹罷了。因此，不要羨慕別人的生活，別人不見得比你過得更好，每個人都有自己的歡樂和痛苦。你所擁有的，也許恰恰是別人所缺少的，與其為別人的擁有而不平，不如為自己的擁有而開懷。

在這個世界上，生活對誰都是一視同仁的，付出了勞動，那麼就會得到收穫；待人寬厚，那麼就會被人寬容；性情懶散，那麼就會一無所成。不要再為所謂的不公平而煩惱或抱怨了，這樣只能說明你還是一個不夠成熟的「孩子」。我們需要做的，就是沿著自己的生活軌跡腳踏實地珍惜自己的那份擁有，好好地經營自己的人生，如此一來成功就會很快來臨了。

轉念先動心

查．霍爾——

「有什麼樣的思想，就有什麼樣的行為；有什麼樣的行為，就有什麼樣的習慣；有什麼樣的習慣於，就有什麼樣的性格；有什麼樣的性格，就有什麼樣的命運。」

信念5 不要在別人的擁有裡替自己尋找痛苦

生而為人，活著就是活著，要活在自己的內心裡，而不要活在別人的眼睛裡。

究竟什麼叫好命？

有一位女子在閨中密友的慫恿下，報名參加了一個拉丁舞培訓班。但是，她很快就發現，自己跳舞的時候總是特別的緊張，尤其是當一個簡單的動作別人都完成了，而教練還在反覆地對她提出糾正的時候，心裡就更是發慌，因而接連不斷地出錯。

為此，她痛苦不已：「別人都跳得那麼好，我怎麼就這樣差勁呢？」有一天，在進行一個舞步的講解時，教練不經意地說了這樣一句話，既像是對所有人說的也像是針對她一個人說的：「不要管別人跳得如何，只要你自己做到了自己的極限就可以了。」她牢牢地記住了這句話。

以後，每當跳舞的時候，她都這樣提醒自己隨性些、放鬆點：「即使跳得沒有別人好也沒有關係，只要我做到了自己的極限就好。」

慢慢地，她發現自己的心態不一樣了，不再去和別人比較，而是投入地練習自己剛學會的舞步。而且，她還欣喜地發現，有不少地方別人還沒有自己跳得好呢！

就這樣，沒過多久，她就追趕了上來，並且很快地成為人人豔羨的教練指定優秀示範者。

在現實生活中，我們常會發現一些在你我周遭的案例：

某女：「我要買大房子！」丈夫不解：「有必要嗎？」某女：「當然！你看亨利，買了套五十幾坪四房的大房子，有超大的客廳、寬敞的露臺、獨立的衛浴，酷斃了！」

某男：「我要和她離婚！」調解員不解：「為什麼？」某男：「哼哼，一天到晚只知道對我嘮叨，哪像我同事的老婆，上得廳堂、下得廚房、溫柔賢慧、精明能幹，差遠了！」就這樣，總是羨慕別人，結果，也就越來越覺得自己的生活糟糕透頂了。

可以說，這樣的人就是「在別人的擁有裡給自己尋找痛苦」的活教材。其實這樣的人是可以過著另外一種愉悅的、沒有壓力的、自己喜歡的生活。可是，事情並不是這樣，他們整天愁眉苦臉，總認為自己的擁有一切沒有別人好，很多時候，看別人所擁有的一般有兩個目的：一個是從別人的擁有裡找自己的影子，一個是抓著別人這根繩子從自己的擁有中跳離。

於是，當在別人的擁有裡找不到自己的影子，抓著別人的繩子也無法從自己的擁有中跳離時，自己就開始怨天尤人了。如此，久而久之也就把生活當作了負擔，隨之便會覺得生活充滿了痛苦。

在心理學家看來，如果一個人一味地只看到別人擁有的東西，而忽略了自己擁有的東西，就會陷入盲目的比較之中，這樣的話即便說「比較能夠促使進步」，但最後往往非但沒有進步反而會徒生煩惱。因此，與其羨慕別人擁有的東西，不如珍惜自己擁有的。

由此可見，如果能「不要因為羨慕別人而製造自己的痛苦」，起碼可以給你帶來兩個好處：第一，有利於你樹立自己的信心，只要自己有進步就是在不斷地成功，而不是非要把別人都比下去才算成功；第二，有利於你穩定自己的心態，從而有效地保護你的自尊心、明確自己努力的目標，以及產生規律及穩定的生活步調，避免急躁不安、急功近利心理的自我干擾。

有這樣一個笑話，一個人興沖沖地對大家說：「嘿嘿！我的圍棋和足球超強，足可戰勝『羅納度』和『周俊勳』。」大家聽了皆瞪大眼睛驚訝不已。見狀，這個人露出神祕兮兮的神情，說道：「我和羅納度下圍棋，一定贏！我和周俊勳踢足球，一定贏！」眾人頓時捧腹大笑。

這雖然只是一個笑話，但從中也能看出，即便是羅納度和周俊勳再怎麼厲害，也只限於足球和圍棋某一個方面而已，不可能三百六十行都強悍，他們也有技不如人的地方，而他們技不如人的地方可能就是我們的強項呢！正所謂：「梅須遜雪三分白，雪卻輸梅一段香。」

生而為人，活著就是活著，要活在自己的內心裡，而不要活在別人的眼睛裡。很多時候，幸福就在距離我們很近很近的地方，甚至可以說是伸手可得，例如：早晨醒來睜開眼看著天花板，重新閉上眼睛感覺那純淨的白色，很幸福；給陽臺上的花花草草鬆鬆土、澆澆水，聞一聞它們的香味，很幸福；躺在沙發上曬著溫暖的陽光，讓自己的思緒隨意飄蕩，很幸福；到茶館裡品味一壺醇香的新茶，聽著輕柔婉轉的旋律，很幸福；煮一鍋鮮香的排骨湯，焦急地等候家人回來一起品嚐，很幸福。

然而，倘若你一味地沉浸於「只看別人擁有的而不看自己擁有的」，那麼你就會對環繞在自己身邊的幸福視而不見，這樣不僅整天會總想著那些令人不愉快的事情，而且還會自己製造出一件又一件讓自己鬱鬱寡歡的事情來。

有智慧之語曰：「不看我沒有的，只看我所有的。」無論什麼時候，不管你是卑微的小人物還是偉大的時代寵兒，都不要試圖去和別人比高低抑或爭有無，從而失去了本性。要知道「人比人，氣死人」，當你過度地想和別人蹭身在一起的時候，就會像兩隻想擁抱的刺蝟一樣鐵定要被對方身上的「刺」給扎傷的。因此，舉凡是個聰明人，是絕對不會「為了羨慕別人而製造自己的痛苦」。

轉念先動心

毛澤東——

「我們要學習毫無自私自利之心的精神。從這點出發，就可以變為大有利於人民的人。一個人能力有大小，但只要有這點精神，就是一個高尚的人，一個純粹的人，一個有道德的人，一個脫離了低級趣味的人，一個有益於人民的人。」

不要在人生的座標裡站錯了位置

對每個人來說，人生都是一個大座標，我們所在的位置不是決定於我們的職業或出身，而是決定於你對自己的期望。

究竟什麼叫好命？

這是一百多年前日本大阪古城建造的一則故事。

當時的督工曾向三位負責搬運石塊（古城建造時最辛苦的一項工作）的工人問一個問題：「你為什麼在這裡搬石頭？」

第一個工人回答說：「為了賺一份薪水養家活口。」

第二個工人回答說：「為了建造一座偉大的城。」

第三個工人回答說：「為了寫一段歷史。」

然而督工發現，第三位工人的士氣強過第二位，第二位又強過第一位工人，這都與他們對自己的工作認知與素養息息相關。

在生活中，往往會有這樣的情況：今天做這個，明天做那個，忙了老半天，非但沒有獲得成功，甚至沒有一件事情做得像樣。

為什麼會產生這種結果呢？道理很簡單：「沒有在人生座標裡站對位置。」

對於任何一個人來說，人生都是一個大座標，只有在忙碌中準確地站對了屬於自己的位置，才能認識到自己的能力和專長在什麼點上，頭腦也才會更加清醒一些。

「站對位置」既是一門學問也是一門藝術，不但決定著你的命運而且影響著你的前途，站對了自己的位置，那麼位置就是你的快馬輕舟，不但讓你自信、從容而且讓你發揮地淋漓盡致、收發自如；站錯了位置，那麼位置就是你的地獄牢籠，不但捆住你的手腳讓你精疲力竭，而且迷惑你的頭腦讓你苦不堪言。

也許，你確實有本事、有才華、有學識、有膽識，但如果站錯位置的話，也會英雄無用武之地，即使才高八斗、滿腔熱血，還是只有慨嘆自己生不逢時的份了。這樣的話，你就會周而復始地重複著浪費自己的生命，最終一無所得。或者，你確實很幸運，站到 了一個非常不錯的位置，高薪厚祿引來萬人羨慕，這也的確是件好事。但是，如果你在這個位置上既不能準確且合理的替自己定位，也不能做出與你的位置相配的實績，這就成了人們常說的「佔著茅坑不拉屎」，到頭來還是會失去現在擁有的，甚至毀掉自己的前程。

富蘭克林說過：「寶貝放錯了地方便是廢物。」同樣的道理，在人生座標裡，一個人如果站錯了位置，用他的短處來謀生，會感到異常的辛苦甚至是可怕的，他可能會在永久的卑微和失意中沉淪。因此，了解自己的優勢和長處並保持興趣相當重要，即使這份興趣表面上看起來不算什麼，但可能是你改變命運的一大財富。選擇職業同樣也是這個道理，你無需考慮這個職業能給你帶來多少錢或能不能使你成名，重要的是，你應該選擇最能使你全力以赴，最能使你的品格和專長得到充分發揮的職業。

把自己安排在合適的位置上，才能經營出有聲有色的人生。在這裡，有三位典型的名人成功案例說明了「站對位置」的重要性和方法。

・要站對自己的位置，往往需要靠自我來發現

漫畫家朱德庸就是個很好的例子。小時候的朱德庸是一個問題兒童，自己也覺得自己很笨。但十幾歲的時候，朱德庸很偶然地發現自己雖然對文字反應遲鈍，但對圖形卻很敏感，於是就開始學畫畫，在學校裡畫，在家裡也畫，教科書也好，作業簿也罷，空白的地方都畫得滿滿的。在學校受了哪個老師的批評，一回到家就畫，狠狠地畫，讓那個老師「死」得非常慘。

後來，有媒體發現了，就為朱德庸開設漫畫專欄，結果就憑著《雙響炮》、《澀女郎》、《醋溜族》等作品紅透了半邊天。

・要站對自己的位置，很多時候需要轉化自身的優勢與劣勢

例如投資大師巴菲特。小時候的巴菲特是一個內向且敏感的孩子，無論是在校成績還是在生活中的表現，都和一般的孩子毫無區別，很多地方甚至還不如其他孩子們。由此，許多人就

嘲笑巴菲特行動和思維緩慢，但巴菲特卻把這一弱點轉化為自己最大的優點──耐心。同時，巴菲特還發現自己對數字有天生的敏感，並且充滿了興趣。

於是，在嘗試了銷售、法律顧問、管理等多種工作之後，巴菲特結合自己「耐心」和「對數字敏感」的優勢，把職業發展定位在投資行業，最終獲得了驚人的成功。

．要站對自己的位置，有時候還需要學會放棄

世界頂尖科幻小說作家艾薩克．阿西莫夫，起初在一所大學裡從事生化研究和教學。

在實際工作中，他發現自己有創作科幻小說的天賦，於是在做出了一番冷靜而且客觀的分析之後，他得到一個結論：「我不大可能成為第一流的科學家，但我卻可能成為第一流的科幻小說家。」於是，艾薩克．阿西莫夫毅然告別了大學課堂的實驗室，回到家裡專門從事寫作。結果，艾薩克．阿西莫夫「聰明」的放棄，成就了他一生創作四百八十部科幻著作的輝煌成績，而且還贏得了世界上最負盛名的科幻小說家的榮譽稱號。

心理學家說：「在一定的時間裡，位置決定角色，而角色則表現生活價值。」的確，在時下的社會裡，可以發展出不可限量的人生領域，且每個領域都散發著強烈的誘人氣息。這個時候，人若把持不住，什麼都想去嘗試一番，並且試圖想獲得成功，那麼，就必然會陷入人生的窘境之中。

因此，人生當中的第一條金律也就是「不要好高騖遠」，要善於在人生座標中自我定位。

一個有智慧的人，應該堅守自己的領域，在自己最擅長的方面努力。說起來，或許不那麼浪漫、不那麼絢麗、不那麼輝煌，但事實上腳踏實地、一步一腳印才是最有可能獲得成功的，而且在生活中也可以相對地感到輕鬆和愉快。因此要試者要求自己，無論是在家庭、工作中還是在事業、社會中，都首先要站對自己的位置，如此方能扮演好自己的角色和創造最大的價值。

不妨記住：人生定位的最佳目標，不是最有價值的，而是最有可能實現的，同時也得是最適合自己的，因為只有適合你，成功的可能性才會大。最重要的是，在人生的座標裡，要站對自己的位置。

轉念先動心

姚樂絲．卡內基——

「確定了人生目標的人，比那些彷徨失措的人，起步時便已領先幾十步。有目標的生活，遠比彷徨的生活幸福。沒有人生目標的人，人生本身就是乏味無聊的。」

第10章

吸引力法則是與生俱來的祝福，只是它先裹了一層嚇人的外衣

吸引力法則是一個連鎖效應，有時候，我們總會覺得衰運連連，但同樣的，你也可以透過思想吸引美好，讓你的生活充滿喜悅；要記住：「運氣」沒有立場，你要常保信念去擁有它。

信念1

擇你所愛，愛你所選

命運需要方向，靈魂不能盲行，所以必須學會選擇；欲望需要修剪，人生不能太沉重，所以必須懂得捨得。

究竟什麼叫好命？

．捨得小老闆，選擇做職員

唐駿是一個小老闆，擁有雙鷹軟體、好萊塢影業娛樂公司和第一移民律師事務所三家公司，整天忙得焦頭爛額。

有一天，唐駿接到一個電話，問他：「您好，我是微軟公司，婚姻速配機是不是您發明的？」「是。」唐駿回答。電話那頭說：「我們公司認為這款產品顯示了您傑出的創造力和想像力，因此請您加盟我們公司的日本分部。」

唐駿想，不如去微軟學習一下比爾．蓋茲的經驗，看看人家是怎麼管理公司的。」

於是，唐駿答應了，隨後就和微軟簽了三年的協議，不過，可不是去當主管，而是做了一名普通職員。

對此，唐駿這樣解釋道：「我可以看微軟的書，但永遠看不到其精華。我要進去學，一切從頭開始。」

・捨得微軟，選擇盛大

沒過多久，唐駿就升任為微軟中國公司總裁了。

但「麻煩」也跟著來，就在唐駿準備施展身手「在其位，謀其政」的時候，微軟又把從摩托羅拉挖過來的陳永正調來擔任大中華區域的總裁。這樣，在整個公司體系重新整合之後，就把唐駿的權力大大地削弱了，使得他頓時失去了大半的衝勁。

不得已，唐駿只得重新考慮新的出路。

二〇〇三年底，一個偶然的機會，唐駿和陳天橋坐在一起聊起天來。

兩個人把各自的想法和經歷談了一下，發現居然有著很多相似之處。陳天橋突然說：「你做過遊戲，又有微軟的背景，有沒有興趣到我們盛大來做呢？」唐駿當即點頭了，一如當初答應微軟時的果敢、簡單。

對此，唐駿這樣解釋道：「那天聽了陳天橋說的宏偉藍圖，我認為他儘管年輕，卻是一個有智慧的人，而且商業頭腦非常好。同時，我們都是簡單型的人，不喜歡計較細節，更不會把問題看得太複雜，這才決定去盛大。」

二○○四年二月四日，盛大網路正式對外宣佈：經公司董事會批准，聘請原微軟中國有限公司總裁唐駿出任盛大網路總裁。

・捨得盛大，選擇新華都

就像上次一樣，在盛大還沒有待多久呢！唐駿就跳槽來到了新華都。

有意思的是，唐駿做出離開盛大的決定只花了一分鐘的時間：「在做出這個決定的時候，我只花了一分鐘，但是在一分鐘之前，我花了一個半小時跟對方吃飯，過程中我對這一家企業整體做了一個瞭解，一個半小時的背後是我十五年閱歷的濃縮和積累，所以我並不是衝動。

而對於自己的跳槽，唐駿這樣解釋：「我希望透過我的職業來體驗人生的精彩，盛大的四年很精彩，但是未來的四年我預計已經看不到那樣的光景，所以我選擇了跳槽。對於企業，我看重的是能夠給我提供多大的平臺和空間。」

就這樣，從小老闆到微軟到盛大再到新華都，即便每一次跳槽都面臨著選擇與捨棄，但唐駿都輕巧地做到了，而且做得很好，隨之也就順理成章地獲得了回報。

其實，不只是唐駿一個人，稍微留神一下你就會發現，其實絕大多數的成功人士都懂得「選擇與捨得」之道，知道選擇什麼東西可以實現自己的價值，明白什麼時候必須趕緊捨得。

正是因為這些，所以他們能夠獲得成功。

由此可見，選擇也好，捨得也罷，必須得有規劃，能讓自己完成使命和提升能力，那麼選擇和捨得就是理所當然的正確舉措。

日本明治時代，有位大學教授向著名禪師南隱問禪。南隱以禮相待，但卻隻字不提禪的事情，而是慢慢地把茶水倒入杯子裡，杯子已滿，可是他還在繼續倒入。眼見茶水不停地溢出，教授終於不再沉默了，嚷著說：「大師，茶水已經滿出來了，不能再倒了。」南隱笑了：「你就像這只杯子，裡面裝滿了自己的看法，如果不把杯子裡的水倒掉一些的話，讓我如何對你說禪？」教授猛然頓悟。

很多時候，我們常常讚譽那些功成名就的人，也固執地認為唯有堅強、執著、永不放棄的人才能成為生活中的強者。殊不知，無論是誰，他的時間和精力都是有限的，更不能在所有的方面都進行深入的挖掘，因此，若想駕馭好自己的生命之舟，每個人都面臨著一個永恆的課題：「學會選擇，懂得捨得！」

在人生的旅途中，選擇和捨得是我們經常需要面對的問題。選擇是理性的取捨，是有所為與有所不為，正確選擇了，才能正確做事，才不會多走彎路或者是誤入歧途；捨得是另一種更為廣闊的擁有，是為了更好的選擇。

埋頭審視一下自己吧！當某一天你突然發現自己屁股底下的位子已經變得「食之無味，棄之可惜」的時候，不妨果敢地捨去，然後選擇一個更能實現自己價值的平臺。畢竟，如果繼續磨蹭下去的話，拖延的是你的生命，消耗的是你的衝勁。

有智者如是說：「命運需要方向，靈魂不能盲行，所以必須學會選擇；欲望需要修剪，人生不能太沉重，所以必須懂得捨得。」可以說，人一生中的每時每刻，其實都是在選擇與捨得中度過的，或者說人生其實就是一連串的選擇和捨得，每一個人的前途與命運，幾乎都把握在自己的手中，你手中既握著失敗的種子，也握著成功的潛能，不同的選擇和捨得，往往會導致截然不同的結果。

很多時候，正確的選擇和及時的捨得，可以使你巧妙地繞過前進中的暗礁，可以使你更加理性地抵達陽光的彼岸，可以使你脫離無益的競爭漩渦，可以使你避開尖銳的鋒芒，可以使你避免在一棵樹上吊死的悲劇，從而在新的觀點和新的思想指引之下，從容地踏上一條成功的捷徑。

學會選擇，懂得捨得，人生才更精彩。

轉念先動心

黑格爾——

「理想的人物不僅要在物質需要的滿足上，還要在精神旨趣的滿足上得到表現。」

種子可以說出一百個不適合它生長的地方，但重要的是，它終究要想辦法發芽

不要因為所處的環境不夠優越就頓足長嘆，因為它是磨練自己的一個絕佳機會。

究竟什麼叫好命？

一九七二年，新加坡旅遊局呈送給總理李光耀一份報告，大意是說：新加坡不像埃及有古老的金字塔，不像中國有萬里長城，不像日本有雄偉的富士山，也不像美國夏威夷有十幾公尺高的海浪，一年四季除了直射的陽光之外，什麼名勝古蹟都沒有，若想發展旅遊業，實在是巧婦難為無米之炊。

李光耀看了報告之後，大筆一揮就批了八個字：「擁有陽光就足夠了！」

後來，新加坡就嘗試著利用那一年四季直射的陽光進行種花植草，結果在短短幾年的時間裡，就發展成為了世界上著名的「花園城市」，此後連續多年旅遊收入列入亞洲第三位。

由此可見，上帝給誰的都不會太多，同樣地，給誰的也都不會太少。或許，你沒有足以使你一步登天的外部環境，例如顯赫的家庭、名校的學歷、如花的容貌等，但只要你擁有一顆陽光的心靈，這就已經足夠了！

畢竟，相對於整個人生來說，外部的環境只不過是微小的一個部分而已，只要你能夠把它放到一邊去，始終保持一個樂觀豁達的心態，始終以善意和寬容來對待自己，那麼你終究會慢慢地走向成功之路。

對環境不滿的人總是仰天長嘆：「天哪！這日子沒辦法過了。」有人就嘲笑說：「你這個笨蛋，日子怎麼會沒辦法過呢？只要用自己的雙手好好地去打拚，就會越過越舒坦啊！」

這些話雖有些不中聽，但說得非常有道理。

在這個世界上，幾乎每天都在上演著是非曲直或者困窘痛苦的故事，有的人會為自己的創業屢屢失敗而埋怨時不我予，有的人會為自己的升遷屢屢受挫而埋怨上級瞎了眼，有的人會為自己的人生屢屢失意而埋怨天不佑人。總之，身處萬丈紅塵，在世俗的牽掛、無名的妄念和欲望的困擾等諸多因素的作用之下，對所處環境表現出不滿的情緒是不可避免的。既然如此，也就沒有必要一直怨天尤人了，若將這些煩惱的事情轉換為另外一個角度來思量，那麼你生命的雨季自然也會轉化為明媚的豔陽天了。

有一位勇士曾說：「敵人若是打傷了你的左眼，你該將右眼睜得大大的，否則你會連同生命一起失去。」而按照基督教《聖經》的說法，人類從一生下來就有罪，先是要設法滿足食、衣、住、行的基本需要，然後還要滿足各式各樣的精神需要和追求，可以想像，在這個過程中，自然而然地會常常遇到一些人為的挫折、絆腳石、自然的災難、身體的疾病等等，如此一來，我們應該要盤腿坐下來抱怨嗎？還是挺身站出來迎擊呢？

顯然，挺身站出來迎擊才是上上之策，更是生而為人的必要之道。無論是生命還是生活，其實原本都是脆弱且短暫的，當我們遭遇到挫折和困難的時候，唯有勇敢地正視和堅強地面對，才能成為人人羨慕的強者。正如哲學大師尼采所說的：「人生就是一根架於超人與禽獸之間的繩索，人從一出生，就走上了這根繩索，為了生存，他必須往前走，走向超人的那一邊。」

俗語說：「種瓜得瓜，種豆得豆。」同樣的道理，無論是求仁得仁、求道得道，還是求富得富、求貴得貴，無一例外的都需要靠你自己去求取，別人是沒辦法來幫你的。孟子曾說：「求取就能得到，捨棄就會失去。」輝煌的事業、美滿的人生、幸福的生活，其實都牢牢地「植根」在你的那一畝田地裡，唯有踏踏實實地耕種才能有源源不斷的收穫。

對環境不滿並非壞事，問題在於如何去適應，繼而有計畫地「改變」。有句話也是這麼說的：「環境不是統治者，而是改進者的奴隸。」一人若能發宏願，則匹夫可為帝王，你種下什麼，收穫的就是什麼，時運、氣數、命運，基本上都是自己播種而成的。

「播下一個行動，你就會收穫一個習慣；播下一個習慣，你就會收穫一個個性；播下一個個性，你就會收穫一個命運。」這是天經地義的，就像磨礪才能出利鋒、苦寒才能出暗香一樣，每一個成功往往都是和心血與汗水交織在一起的結果，如果想成為百萬富翁，你就必須尋找致富之路；想成為社會精英，你就必須學習知識技術；想出人頭地，你就必須付出超乎常人的努力。

不要因為所處的環境不夠優越就頓足長嘆，你應該把它看成是磨練你的一個絕佳機會。只要靠著自己的雙手去努力開拓，就一定能夠把美好的夢想轉化為現實，最終收穫喜悅的果實。

轉念先動心

高爾基——

「好的木材並不在順境中生長；風越強，樹越壯。」

信念3

常被用水人感恩的泉水，永遠比其它泉水更為清甜

感恩和擔當，是一種精神、一種境界，是催促個人努力向上和嚴格要求自己的重要泉源，最終會引領你走向卓越的大道。

究竟什麼叫好命？

二十三歲的恩智準備結婚了，但卻被「錢」束縛住了手腳。

這一天，恩智任職的牛奶廠廠長阿亮把他叫了過去：「聽說你要辦喜事，那得花好多錢呢！有困難就直接跟我說吧！」不料，恩智想都不想就當場拒絕了。在恩智看來，廠長不過是賣自己一個人情而已，猜自己不會要才裝說可以借錢的。

不過一段時間過後，還是沒有足夠經費的恩智還是撥通了廠長的電話，用一副坦率的語氣說道：「廠長，我認為你說要借我錢是假的。」聽後，阿亮廠長笑了笑，說了一句話：「你現在過來拿吧！」廠長掛了電話，就早早地來到廠房門口的屋簷下等著。

恩智跟廠長一碰面，廠長就拿出一本銀行存摺給他：「你拿去用吧！什麼時候有錢了再幫我存進來就行了。」恩智從沒看過廠長的銀行存摺，猶豫了一下，他斗膽問：「廠長，是五千元嗎？」「是五十萬元！」頓時，恩智的心頭一熱，幾乎就要流下淚來。當時恩智每個月的薪水不過兩萬元，現在突然拿到了五十萬元，能不感動嗎？

出於感恩之心，恩智從此更加努力地工作，即便是不給獎金、不發加班費也照樣任勞任怨地熬著。別人上一個班，恩智就上兩個班；有了新的專案，別的人只學本組的東西，恩智除了學習本組的還學了其他小組的內容。

久而久之，恩智得到了很大的進步與發展，成為了廠長手裡的一張「王牌」，不管遇到什麼樣的難題，一通電話就把恩智派了過去，事實也證明，恩智做得很出色。等到廠長退休的時候，他已經負責起整條生產線，也開始步入了人生道路上的輝煌時期。

另一則小故事：

有一位跨國公司的職員，出人意料地被派往國外的公司考察。

好多人疑惑不已：一個資歷淺、職位低的人，怎麼就「一步登天」了呢？於是，有好事者就跑來拐彎抹角地打探，卻見這位普通的職員兩手一攤：「也沒有什麼訣竅，就是在工作中時時秉持著父親的告誡去做事而已。」

看大家面面相覷的樣子，他只好繼續解釋：「在我正式上班的前一天，父親告訴我三句話：『遇到一位好老闆，要忠心為他工作；假設第一份工作就有很好的薪水，那你的運氣很好，要感恩惜福和主動擔當；萬一薪水不怎麼理想的話，就要懂得跟在老闆身邊學功夫。』我把這三句話牢牢地記在心裡，繼而始終秉持著這個原則去做事。當發現和我一起進入公司的同事職位比我高、薪水比我多的時候，我沒有心生不滿，而是繼續認真地做事；當許多人抱著多做多錯、少做少錯、不做不錯的心態時，我依舊盡心盡力地做好每一項工作，甚至還積極主動地去找事情做，瞭解上級有什麼需要協助的地方，事先幫助上級做好準備。」

聽了這些，相信每一個人都已經明白了其中的「祕密」：正是懷著「感恩和擔當」的心態去做事，才使得這位普通的職員獲得了長官的賞識。正所謂：「一個人的努力，別人是會看在眼裡的。」

在現今這個競爭激烈的時代裡，擁有一顆感恩和擔當的心很多時候正是你成為優勝者的關鍵條件之一。學會感恩，懂得擔當，不僅僅是一個人的品格問題，更是一種能力、一種攻略、一條獲取能量與成功的途徑。一個知道感恩和擔當的人，往往會自覺地去珍惜自己身邊的一切人事物，自然而然地也會自覺地在做事情的過程中努力不懈，直至成為一個脫穎而出的佼佼者。

或許有人會不相信，有所成就的人，除去個人的不懈努力之外，擁有一顆感恩和擔當的心也是一個重要因素。學會感恩、懂得擔當，才能夠成就事業的高度和生命的力度。原因很簡單，知道感恩和擔當，說明一個人對自己與他人和社會的關係，有著清晰而且正確的認識。如此一來，在這種環境中，他對許多事情都可以心平氣和，哪怕是最細小的一件事情也會認真、務實地去做，自動自發地真正做到嚴以律己、寬以待人，能夠正視錯誤，從而慢慢地鑄造生命和事業的輝煌。正所謂：「很多時候，一顆感恩和擔當的心，就好比是一粒蓄勢以待萌芽的種子，承載著責任、能力和希望、發展，是職業精神的首要源頭，是實現持續進步的核心動力。」

還在為一些不如意而喋喋不休地抱怨嗎？不如懷著一顆感恩和擔當的心腳踏實地的去做。畢竟，每一件事情中都存在著許多失敗的沮喪、成長的喜悅、知心的搭檔、善意的夥伴等寶貴的經驗和資源，這些都是收穫成功必須學習的感受和必須具備的財富。如果你能夠天天懷著一顆感恩和擔當的心去做事，並且在這個過程中始終牢記「感恩和擔當」的道理，那麼你一定會比較容易而且快速地脫穎而出。

有智者如是說：「感恩和擔當之心，是每個人在生活和工作中不可或缺的陽光雨露，一刻也不能少。永遠懷著感恩和擔當的心是一種人生態度，它決定著你能否獲得成功。」感恩，是一種積極的心態；擔當，是一種奉獻的表現。當你以一種知恩圖報和果敢擔當的心情去做事情的時候，你會心情愉悅、展現效率。

學會感恩，懂得擔當，既是一個人追求生命價值的道德準則，也是一個人進行持續發展的不竭動力。做人人欽羨的佼佼者，從學會感恩開始，從懂得擔當開始。

學會感恩，懂得擔當，人生才更精彩。

轉念先動心

王符——

「生活需要一顆感恩的心來創造，一顆感恩的心需要生活來滋養。」

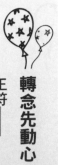

把成見清空，順應生活，茁壯的果實就在裡面

讓自己的心保持寬敞，如此一來美好的風景才可以進駐，陰鬱的心情才有路出走。

究竟什麼叫好命？

七月的時候，一個埋頭苦讀了多年的年輕人順利地通過了畢業論文答辯，來向他的導師辭行。

導師笑著對年輕人說：「你馬上就要走了，請帶著一只空杯子上路吧！」「帶一只空杯子？」年輕人疑惑地望著他的導師，問道：「為什麼要帶著一只空的杯子呢？」然而，導師卻笑而不語，很是不解，但年輕人還是照著導師說的話去做了。

在接下來的幾個月裡，年輕人先後輾轉到了好幾個城市，終於慢慢地明白了當初導師讓他帶著一只空杯子上路的原因了，每到一個地方就有不同的水，而且每一種水的氣味又是截然的不同，既有甘甜的、清冽的，也有苦澀的、醇厚的，當然了，還有難以下嚥的。

也幸虧自己帶的是一只空杯子，才得以在遇到不好喝的水時，可以裝滿拿來「望水止渴」，不至於因「人情冷漠」而「心浮氣躁」，才得以在遇到好喝的水的時候，可以裝滿拿來「細細品味」，不至於因「收穫豐盛」而「沾沾自喜」。倘若，帶著的是一只裝滿水的杯子，那麼又如何裝得下這麼多不同的水呢？

在《百喻經》裡，有這樣一個故事：

有一隻猴子，手裡抓了一把豆子，在路上一蹦一跳地走著。誰知，一不留神，猴子手中的豆子滾落掉了一顆，鑽進了草叢中。

為了這一顆滾落的豆子，猴子馬上把手中其餘的豆子全部放置在了路旁，然後轉來轉去地仔細尋找著，但卻始終不見那一顆豆子的蹤影。

實在是找不到了，猴子只好站起身來，一邊用手拍打著身上的灰土，一邊準備去拿原先放置在一旁的豆子，卻沒想到，那一把豆子竟然被一群雞鴨吃得一顆不剩。

這個故事告訴我們，在人生的道路上，既要學會抵擋眼前的誘惑，即便出現意外也要堅持行走自己的道路，也要懂得放下，這會讓你每一次經驗的拉扯都彌足珍貴。

在這繁忙的都市生活中，我們常常因為花花綠綠的誘惑和各式各樣的欲望，而擾亂了自己的視線和思維，慢慢地也就忘記了本來的目的和願望，或者是不知道如何去做才能讓自己的心靈得到滿足。結果，原本可以得到的東西因為沒有謹慎評估而失去，原本可以輕鬆的步伐因為沒有很好的釋放而沉重。

生命的過程就如同是參加一次旅行。你必須劃出路線圖和找好目的地，然後堅定不移的一路走下去。但是，也一定要做到，每一次駐足在路邊小憩的時候，都要記得清理自己的口袋，把沒用或者是用過了的東西掏出來扔掉。

在人生的漫漫旅途中，不可避免地會遇到許多千奇百怪的人和事，也時刻都充滿了各種各樣的新鮮與奇特，只有帶著一只空杯子上路，該對著杯子忍耐的時候忍耐，該拿起杯子倒掉的時候倒掉，方可不斷地汲取、重新獲得新知，繼而充實頭腦，從而更加精彩的走完自己的人生之旅。

可以說，在歷史的洪流中，任何一個人都只是滄海一粟、寄生蚍蜉，若想有所建樹，就必須學會忍耐、懂得放下，這樣才能專攻一技抑或是活得瀟灑，就像徐霞客那樣，忍耐多劫放下功名，遊歷名山大川，二十七年的旅途顛簸，最終凝結成流傳千古的《徐霞客遊記》；就像居里夫婦那樣，忍耐寂寞放下富貴，進行試驗分析，十八年的潛心研究最終找到了鐳的提煉方法；就像李太白那樣，忍耐淒苦放下厚祿，留住了「安能摧眉折腰事權貴，使我不得開心顏」的傲骨；就像愛因斯坦那樣，忍耐孤獨放下權勢，獲得了在枯燥的物理學領域研究的樂趣。

有智者如是說：「忍耐，是自我控制的人生智慧；放下，是收穫快樂的最佳途徑。」一個人，一段人生，一切持之以恆，卻又在揮灑之間從容自如的人一定是快樂的。能夠明瞭一切，卻具備忍耐與放下的懷抱，很少或者是從不被誘惑與欲望左右的人也一定會擁有幸福而充實的人生。當然，也許很難，但其實也很簡單，一切只是一個快樂的轉身而已。

在你的轉身裡，專注即是你的品格，只有懂得專注目標的人，才能贏得青睞與眷顧；放下即是你的快樂，只有懂得「放下」的人，才能收穫愉悅與輕鬆。或許，抗拒誘惑會有一時的痛苦，但可以好好地磨礪你的意志，從而讓你的軀體變得更加硬朗與強悍；或許，放下會有一時的失落，但可以好好地釋放你的委屈，從而讓你的心靈變得更加純淨與昇華。

轉念先動心

鄧肯——

「德行的人之所以有德行，只不過受到的誘惑不足而已；這不是因為他們生活單調刻板，就是因為他們專心一意奔向一個目標而無暇旁顧。」

信念5
知足的人是世界上最好命的人，因為一切在他眼裡都是美好的

人生匆匆，猶如白駒過隙。為了使你的一生不留下遺憾，就要學會珍惜、懂得知足，這樣才能讓自己的生活多幾分舒適、少幾分牽掛的苦楚，多幾分愜意、少幾分不如意。

究竟什麼叫好命？

一九二九年，美國紐約股市崩盤，一家大公司的老闆憂心忡忡地回到了家裡。

妻子依偎了過來，笑容可掬地問道：「親愛的，你怎麼了？」猶豫了一會兒，這位老闆突然失聲痛哭起來：「完了，完了！我被法院宣告破產了，家裡所有的財產明天就要被法院查封了。」

沒想到，妻子還是微笑著並柔聲說了一句：「問你個問題，親愛的，你的身體也被查封了嗎？」「這個……」老闆不解地抬起頭來，「當然沒有。」

「那麼，我這個做妻子的也被查封了嗎？」

「沒有！」老闆擦去了眼角的淚水，無助地望了妻子一眼。

「那我們的孩子呢？」

「他們還小，跟這件事情毫無關聯呀！」「既然如此，」妻子堅定地說著：「你怎麼能說家裡所有的財產都要被查封呢？」

「你還有一個支持你的妻子以及一群有希望的孩子，而且你有豐富的經驗，還擁有上天賜予的健康身體和聰明頭腦。至於丟掉的財富，就當是過去白忙了一場，只要努力還可以再賺回來的，你說是嗎？」

聽了這番話，老闆重重地點了點頭，三年後，他的公司發展為《財富》雜誌評選的五大企業之一。

如果一個人不知道珍惜和不懂得知足，總認為這個世界上所有的一切對他來說都是不公平的、都不能滿足他的心願，那麼他這樣的人很難能體會生活的樂趣。尤其是在現在這個多元化的時代裡，社會的貧富不均以及差別懸殊更容易造成一些人的心理失衡，於是常常懷有「飢渴」之心，把握在手裡的東西，不當作一回事；已經擁有了一分，還想要再更多一點。但殊不知，倘若你的內心不知道珍惜和知足的話，就會一直處於極度的欠缺之中，從而「促使並逼迫」著你，使你像是上緊了發條的機器一樣連轉，結果不但傷了筋骨而且毀了身心。

有這樣一首民謠，對生活中那些見物忘我、身為欲驅的人做了絕妙的嘲諷：「終日奔波只為飢，才得飽來便思衣。衣食兩般俱豐足，房中又少美貌妻。娶下嬌妻並美妾，出入無轎少馬騎。騾馬成群轎已備，恨無田地少根基。買得良田千萬頃，嘆無官職被人欺。七品五品猶嫌小，四品三品仍覺低。一品當朝為宰相，又想君王做一時。心滿意足為天子，更望萬世死無期。種種妄想無止息，一棺長蓋抱憾離。」

而與之相對應的，又有一首民謠如是說：「小小房，低低屋；粗粗衣，稀稀粥，命該咬菜根，莫想多食肉。唯適意，怕甚的鬢斑斑；且開懷，為甚的眉蹙蹙。看上雖不如，比下當知足。日食三餐，夜眠一宿，隨意家常，平安是福。也不求榮，也不招辱，待時守分，知機寡欲。」

這首來自平民百姓的低吟淺唱，雖是無奈情緒之下的一種心理安慰，但也引申出這樣的深刻道理：「人在福中要知福。」

老子說：「樂莫大於無憂，富莫大於知足。」俗語也云：「珍惜擁有，知足得福。」都是至理箴言。這裡說的珍惜與知足，並非在學業和事業上不思進取，而是針對永無休止的奢求和欲望而言。追求幸福、滿足欲望，本是人與生俱來的本能，但若永無休止地追求的話，對我們本身卻是一種巨大的傷害。所以說，唯有珍惜和知足，才能心滿意足；而心滿意足，才能快樂無憂；而快樂無憂，才能神清氣爽；而神清氣爽，才能人生愜意。

無論是什麼時候，都不要輕易地就說自己已經一無所有了。在你感到沮喪的時候，不妨俯身對照自己所列出一張詳細的生命資產表：你有沒有完好的雙手雙腳？你有沒有一個會思考的大腦和健康的身體？你有沒有親人、朋友、伴侶、孩子？你有沒有某方面的知識和特長。把注意力放在你所擁有的東西上面，而不是沒有的或者是失去的東西上面，你也就會發現，原來自己已經夠富有了！也正如伊比鳩魯說的：「智者不為自己沒有的悲傷而活，卻為自己擁有的歡喜而活。」

生命是很短暫的，所以我們一定要珍惜自己擁有的和對自己所獲得的感到知足。人生匆匆，猶如白駒過隙。為了使你的一生不留下遺憾，就要學會珍惜、懂得知足，這樣才能讓自己的生活多幾分舒適、少幾分牽掛的苦楚，多幾分愜意、少幾分瑕疵的不如意。

有智者言：「學會珍惜，懂得知足，才不會有過多的貪欲，你的生活才會隨遇而安，你的心情才會豁然開朗。」珍惜，是一種高尚精神的具體表現；知足，是一種心理的安慰和平衡。學會珍惜和懂得知足，不但是一種智慧的生活方式和成熟的表現，也是一帖養生保健的實用良方。

生活就像是潘朵拉的寶盒一樣，你每打開一層就會發現或多或少的驚喜，但是千萬別忘記了要懷抱著一顆平常的心，學會珍惜，懂得知足。唯有如此，信仰才不只是一種好的心情，生命才不只是一段彎曲的迴旋。

轉念先動心

佚名——

「樂觀主義者從每一個災難中看到機遇，悲觀主義者從每一個機遇中看到災難。」

信念6

萬一錯過了朝霞的綺麗，就別再錯過月光的清輝

錯過了過去不等於錯過未來，從現在開始理直氣壯地做一個你想做的人；人生最重要的不是你從哪裡來，而是你要到哪裡去。

究竟什麼叫好命？

有一個叫芳娜的小女孩，由於是私生女而備受周圍人的冷落，就這樣，年幼的芳娜慢慢地變得越來越自卑，開始封閉自我、逃避現實，更不願意和人接觸。

在小芳娜十三歲的那一年，小鎮上來了一位很有修養的牧師，鎮上的男女老少們都一窩蜂地湧進教堂去聽他講經，當然，小芳娜也去了，但是她不敢進去，只是靜靜地躲在一個遠遠的角落裡聽講。

有一天，牧師講的實在是太好了，著了迷的小芳娜不由得溜進教堂裡，斜靠在最後一排的座位旁，她清晰地聽到牧師講道：「過去不等於未來。過去你成功了，但並不代表未來還會成功；過去失敗了，也同樣不代表未來還要失敗，未來要靠現在的行為去決定。現在

做什麼，選擇什麼，便決定了未來的成就，因此，失敗的人不要氣餒，成功的人也不要驕傲，成功和失敗都不是最終的結果，相反的只不是人生過程的一個事件而已。這個世界上不會有永遠成功的人，也沒有永遠失敗的人。」頓時，這些話猶如一股暖流流過小芳娜那封閉的心，並使她的心開始慢慢融化了。

從此，每到牧師講經的時候，小芳娜就會偷偷地溜進去，然後在快要結束的時候再偷偷地離開。

但是，有一天小芳娜聽得太如癡如醉，竟然忘記提前離開，結果，在散場的時候牧師發現了她，隨口就問她說：「妳是誰家的孩子呀？」霎時，所有人都愣住了，就連小芳娜也完全驚呆了，不知所措地站在那裡，眼裡滿含著淚水。

牧師似乎明白了什麼，立刻笑嘻嘻地打趣道：「喔，我知道妳是誰家的孩子了，妳是上帝的孩子。」

然後，撫摸著小芳娜的頭髮繼續說：「孩子，這裡所有的人都和妳一樣，都是上帝的孩子！過去不等於未來，不論妳過去如何不幸，這都不重要，重要的是妳對未來必須充滿希望。現在就做出決定吧！做妳想做的人，孩子，人生最重要的不是妳從哪裡來，而是妳要到哪裡去。只要妳對未來充滿希望，那麼就會充滿力量，不論妳過去怎樣，那都已經過去了，只要妳調整心態、明確目標，樂觀積極地去做，那麼成功就是妳的。」

在雷鳴般的掌聲中，小芳娜哇地大哭起來。

也就是從這個時候開始，小芳娜的人生徹底地改變了，她不再自卑，也不再在意自己的身世，而是開心、快樂地生活著、成長著。

就在四十歲的那一年，芳娜成功競選上了田納西州的州長。之後，她投身商業，當上了一家大型跨國公司的總裁。六十七歲的時候，芳娜的回憶錄《攀越巔峰》熱銷各地，每當在給讀者簽名的時候，她都會寫下這樣一句話：過去不等於未來，從現在開始理直氣壯地做一個你想做的人！

雖然說漫漫的人生路上必定多坎坷，但即便是跌倒過、失敗過了，也絕不能讓它來影響我們對未來成功的希冀和堅定，因為，對於已經成為過去式的經歷，除了嘆息或者是悔恨之外，我們沒有任何的辦法或者是力量去改變。但對於豐富多彩而又充滿未知的未來，卻都掌握在我們自己的手中，全憑我們去創造。試問：誰敢拍著胸脯打包票說，未來一定比過去更糟糕，一定是以往失敗經歷的延續呢？

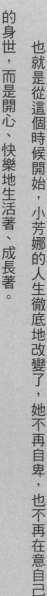

雪萊說過：「過去屬於死神，未來屬於自己。」

無論昨天是多麼的不堪回首，都已經成為了逝去的過往了。因此，不要在猶豫中迷失了自己，不要在他人的言語中改變自己的初衷，不要黯然於別人的冷漠，至少我們還有一顆心在有力地跳動，那麼就把昨天的一切用力地拋在「現在」這個分水嶺的底處吧！然後踏踏實實地走接下來的路。

格力亞年輕時是一個非常不爭氣的孩子，成績一塌糊塗不說，還整日遊手好閒。有一天，格力亞去參加舞會，瞥見不遠處坐著一位端莊秀麗的女子，頓時對她產生了好感，於是很有禮貌地邀請道：「小姐，我想請妳跳支舞。」誰知，那位女子就像是沒有聽見似的，緊繃著臉不理不睬。

格力亞見她沒反應，只好再一次大聲邀請：「優雅的小姐，我想請您跳支舞！」格力亞萬萬沒有想到，女子竟然冷冷地說了一句：「我最討厭你這樣的花花公子了！」

這位女子的回答猶如晴天霹靂，震醒了年輕氣盛的格力亞。他呆呆地站著，想起自己在無所事事的遊玩中浪費了一天又一天的青春歲月，頓時悔恨交加，於是，他跑回家，寫了一張「不要來找我」的條子，就直奔里昂城求學去了。

兩年過去了，格力亞不但趕上了荒廢多日的學業，而且還成為插班生考進了里昂大學的化學系。在這裡，格力亞變得更加勤奮，很快就在老師的指導下完成了製備論文，並獲得了博士學位。畢業之後，格力亞又發明了格氏試劑，成為對有機化學研究領域影響深遠的發明，從而獲得了一九一二年的諾貝爾化學獎。

消息傳出，家鄉的鄉親專程舉辦了一個大會以示慶祝，在大會上，格力亞熱淚盈眶地說道：「過去的紈褲子弟格力亞已經死了，今天的格力亞要更加奮發，取得更大的成就來報答家鄉父老對我的期望。」

正所謂：「浪子回頭金不換。」有了向過去的自己告別的勇氣和決心，才能換來自己的新生。昨天的你，或許在工作、生活以及事業上有一些不盡如人意的地方，或者因為長期積累的懶惰和懈怠，只收穫到一個青澀難嚥的苦瓜、酸棗，但都沒有關係，只要讓自己從今天開始改變，你的明天依舊可以光輝燦爛。

那麼，怎樣才能從昨天的束縛下解脫出來呢？這裡有幾點，不妨參考一下：

・認識自我

俗話說：「人貴有自知之明。」對待自我要有一個全面、正確的認識，就是分析自己的優點與缺點，以便在人生未來的路上能夠截長補短，使得自我的優勢可以得到很好的發揮。這樣一來，慢慢地就會形成一個良好的積極心態，從而充滿自信，超越自卑。

・提高自信

當一個人有了自信之後，就已經有一隻腳踏在成功的路上了。要相信自己的能力，學會在各式各樣的活動中自我提示：我不是弱者，我不比別人差，我一定會成功的。生活對於任何一個人都並非容易的事，但必須學會堅持，堅信自己對一件事情具有天賦的才能，這樣就比較容易獲得成功，而成功也將會帶給你更多的自信。

・積極交往

有這樣一句話：「在人群之外，你只能表現你的孤僻；在人群之中，你才能證明你的獨立。」充滿真誠地與身邊的人交往，就能在群體之中培養和鍛煉自己優秀的能力，從而避免因孤陋寡聞而產生的自卑感或者是成為不合群的人。

錯過了朝霞的綺麗，難道還要錯過月光的清輝嗎？讓我們邁開堅定的步伐勇敢地往前走吧！用自己的雙手創造出一個嶄新的未來。

轉念先動心

李昂斯——

「昨天是一張作廢的支票，明天是一張期票，而今天則是你唯一擁有的現金——所以應當聰明地把握。」

活得好 46

別再說你不好命！扭轉人生的祕密信念

負面思考，暫停！！幸福美滿的人生，現在就由你親手來創造！

作　　者　林少波
顧　　問　曾文旭
總 編 輯　黃若璇
編輯總監　耿文國、丁莊敬
執行編輯　林旻豫、許之芸
美術編輯　莊淑婷
法律顧問　北辰著作權事務所　蕭雄淋律師、嚴裕欽律師

印　　製　世和印製企業有限公司
初　　版　2014年12月
出　　版　凱信企業管理顧問有限公司
電　　話　（02）6636-8398
傳　　真　（02）6636-8397
地　　址　106 台北市大安區忠孝東路四段218-7號7樓

定　　價　新台幣 299元 / 港幣 100 元
產品內容　1書

總 經 銷　商流文化事業有限公司
地　　址　235 新北市中和區中正路752號8樓
電　　話　（02）2228-8841
傳　　真　（02）2228-6939

港澳地區總經銷　和平圖書有限公司
地　　址　香港柴灣嘉業街12號百樂門大廈17樓
電　　話　（852）2804-6687
傳　　真　（852）2804-6409

國家圖書館出版品預行編目資料

別再說你不好命！扭轉人生的祕密信念/
林少波著.
--初版.--台北市：凱信企管顧問，2014.12
　面；公分
ISBN 978-986-5916-52-7（平裝）

1.人生哲學 2.修身
191.9　　　　103022659

請貼郵票

106
台北市大安區忠孝東路4段218-7號7樓
凱信企業管理顧問有限公司 收
電話：02-6636-8398

請沿線反折、裝訂並寄回本公司

請沿線剪下來

寄件人：＿＿＿＿＿＿＿＿＿＿

地址：□□□ ＿＿＿＿＿＿＿＿＿＿

＿＿＿＿＿＿＿＿＿＿

＿＿＿＿＿＿＿＿＿＿

讀者回函卡

親愛的讀者，感謝您購買《別再說你不好命！扭轉人生的祕密心法》歡迎您針對本書內容填寫讀者回函卡，以作為我們日後出版方向的參考，我們將不定期寄發新書相關活動資訊給您，並持續為出版膾炙人口的好書努力。再次感謝您的支持！祝福您有個美好的閱讀時光！

您的姓名：＿＿＿＿＿＿ 聯絡電話：＿＿＿＿＿＿

傳　　真：＿＿＿＿＿＿ e-mail：＿＿＿＿＿＿

出生日期：＿＿＿年＿＿＿月＿＿＿日

您的學歷：□高中及高中以下 □專科與大學 □研究所以上

您的職業：□製造業 □銷售業 □金融業 □資訊業 □學生
□大眾傳播 □自由業 □服務業 □軍警 □公務員 □教職員 □其他

您在何處購得本書：□金石堂書店 □誠品書店 □大賣場 □一般門市 □網路書店
□ K-shop

您為何購買本書（可複選）：

□親朋好友介紹 □內容吸引人 □主題特別 □促銷活動 □作者名氣

□書名 □封面設計 □整體包裝 □網際網路：網址＿＿＿＿＿＿

□其他＿＿＿＿＿＿

您對這本書的評價：□很好 □好 □普通 □差

您會推薦本書給朋友嗎？□會 □不會 □沒意見

您最想看哪些作者、題材的書：＿＿＿＿＿＿

您最感到頭痛的生活問題是什麼：＿＿＿＿＿＿

給予我們的建議：＿＿＿＿＿＿

請沿線剪下來

凱信企管

用對的方法充實自己，
讓人生變得更美好！

凱信企管

用對的方法充實自己，
讓人生變得更美好！